COACH YOURSELF

PRÄSENTIEREN
MACHT SPASS

UND JEDER KANN ES LERNEN

www.karinstiller.de

KARIN STiLLER

HUMAN RESOURCE DEVELOPMENT

Impressum
Autorin: Karin Stiller
www.karinstiller.de
1. Auflage Januar, 2014
Herstellung und Verlag:
BoD - Books on Demand, Norderstedt
ISBN 978-3-7322-9612-5

Coverbild www.istockphoto.com

Gragik-Design, Satz und Typografie
COMMTOOLS! Design + Kommunikation
www.commtools.de

Für Maxine und Julian

DANKSAGUNG

An diesem Buch haben indirekt viele mitgeschrieben, die das gar nicht wissen. Es ist die Essenz der Auswertung hunderter Präsentationen aus meinen Trainings wie aus Vorträgen versierter Redner, wobei die Trainingsteilnehmer, mit ihrer oft erfrischenden Kreativität und ihrem Mut Neues auszuprobieren, das meiste Material lieferten. Ich möchte ihnen, wie auch meinen Kollegen, die wertvolle Tipps zur Auswertung beisteuerten herzlich danken, allen voran Cora Weidner, deren Präsentationskompass© als Grundlage für die Gliederung des Buches ausschlaggebend war. Mein Dank geht auch an Silvia Moll und Susanne Dietzel, die durch ihre wertvollen Anregungen und Korrekturen dem Buch den letzten Schliff gaben.

Karin Stiller

Karin Stiller

INHALT

EINLEITUNG

PRÄSENTATIONEN SOLLEN SPASS MACHEN

Gut präsentieren zu können ist eine Schlüsselqualifikation. Jeder kann es lernen und auch noch Spaß daran finden. Und was heißt gut? Gut heißt: Effektiv, überzeugend und aktivierend. Es ist eine Illusion zu glauben, die besten Argumente würden sich einfach so durchsetzen. Sie brauchen überzeugende Darstellung.

Die Anwendungsgebiete für Präsentationen sind vielfältig. Sie liegen im Management, im Vertrieb und in der Lehre. Führungskräfte, die als Projektleiter eine Arbeitsgruppe zum Erfolg führen oder Ziele vermitteln wollen, Mitarbeiter, die ihren Vorgesetzten eine Idee näher bringen möchten, Kundenberater, die für ein Produkt begeistern wollen, Prüflinge, die aufmerksame, zugewandte Zuhörer gewinnen möchten, Lehrkräfte aus Schule und Hochschule, die zum Mitdenken bei schwierigen Aufgaben animieren wollen – alle brauchen das Handwerkszeug für gelungene Präsentationen. Das Folgende basiert auf jahrzehntelanger Erfahrung in Präsentations- Führungs- und Kommunikationstrainings, Einzel- und Gruppencoachings. Das Teilnehmerspektrum reichte vom Abiturienten bis zum Bankvorstand. Die Analyse dieser Präsentationen und die neuesten Erkenntnisse zum Thema Ausstrahlung brachten mir brauchbare Antworten auf die Frage: Wie präsentiert man erfolgreich?

Das Geheimnis guten Präsentierens liegt in bestimmten Verhaltensweisen und erlernbaren Fertigkeiten im Umgang mit passenden Medien. Der positive Effekt kleiner Gesten oder Worte kann überraschend groß sein, wie auch der Einsatz meist einfacher Mittel zum richtigen Zeitpunkt. Einiges erscheint auf den ersten Blick einleuchtend und ist sofort anwendbar. Anderes verfeinert sich erst beim häufigen Präsentieren. Wer präsentiert stellt sein Thema einer bestimmten Zielgruppe vor. Er arbeitet meist mit mindestens einem Medium und idealerweise in freier persönlicher Rede.

Thema, Zielgruppe, Medien und Persönlichkeit sind die Zauberwörter für gute Präsentationen. Die weitaus stärkste Wirkung auf die Zuhörer geht von der Person des Präsentierenden selbst aus. Unabhängig von Inhalt, Struktur und äußeren Bedingungen entscheidet die Ausstrahlung des Redners darüber, ob eine Präsentation wirklich überzeugen kann. Diese persönliche Wirkung ist natürlich auch „nur" ein Produkt aus Verhaltensweisen. Die Verhaltenspsychologie hat allerdings herausgefunden, dass der persönliche Ausdruck auf sehr vielen oft in Sekundenbruchteilen gezeigten Verhaltensbausteinchen beruht, sodass es schlichtweg unmöglich ist, diese alle bewusst verstandesgelenkt einzusetzen. Der Verstand ist zu langsam. Bevor man etwas in Worte fasst, hat man seine Meinung und seine innere Einstellung bereits über Gestik und Mimik kundgetan, ob man will oder nicht. Die Zuhörer haben feinste blitzschnell reagierende Sensoren dafür.

Wenn wir gerne präsentieren stellt sich positive Ausstrahlung wie von selbst ein. Unbewusst kreieren wir in kürzester Zeit ein überzeugendes, als angenehm empfundenes Mosaik aus positiv wirkenden Verhaltensweisen. In der Realität sieht das jedoch oft ganz anders aus. Wir erleben Präsentationen wie schwierige Prüfungen vor skeptischem Publikum und sind viel zu aufgeregt, um daran Spaß zu entwickeln. Im Gegenteil – man hat alle möglichen Befürchtungen, empfindet den Vortrag als lästige Pflicht und würde oft am liebsten einfach weglaufen. Die entsprechenden daraus resultierenden Verhaltensweisen sind alles andere als überzeugend.

Aus diesem Grund kann eine Präsentation, die keinen Spaß macht, nicht herausragend gut sein. Die ungünstige Geisteshaltung ist ansteckend und kann sich regelrecht auf die Zuhörer übertragen. Wir brauchen also eine positive innere Einstellung. Die beste Einstellung für exzellente Leistung lässt sich mit den Worten „wild entschlossen und spielerisch" umschreiben. Bei guten Rednern kann man die Auswirkungen einer solchen inneren Haltung jedes Mal beobachten. Der Idealfall ist das glückliche Aufgehen im Tun, der „Flow", der die Zuhörer mit einschließt und bereichert. Um diesen magischen Zustand zu erreichen, braucht man Wissen darüber, was Zuhörer wohlwollend stimmt und Tools, welche die innere Einstellung, am besten wie auf Knopfdruck, positiv polen. Verhaltenstipps, psychologisches Hintergrundwissen insbesondere über die Zuhörer, mit deren Interesse letzten Endes alles steht und fällt.

Praktische Hinweise und mentale Übungen werden auf den nächsten Seiten Einsicht in die wesentlichen Bestandteile guter Präsentationen geben und Ihre Tool-Box komplettieren. Sie können alles von A bis Z durcharbeiten oder einzelne Stellen herausgreifen und sich mit dem Selbst-Briefing (auf den letzten Seiten des Buches) kurz vor wichtigen Präsentationen fit machen.

DIE VORBEREITUNG

JE KÜRZER DIE PRÄSENTATION, DESTO LÄNGER DIE VORBEREITUNG

Je weniger Zeit wir zur Darstellung eines Themas haben, desto passgenauer muss die Wahl der Unterthemen sein, desto prägnanter müssen die Begriffe sein und desto treffender die Beschreibungen. Um sozusagen die Essenz des Inhaltes heraus zu destillieren braucht man Zeit, wie bei einem guten Duft. Wir brauchen kein Rasierwasser, wir brauchen das Parfüm.

Erster Schritt: Eigenes Ziel klären

Ein Bergsteiger plant seinen Aufstieg, indem er zuerst die letzte Etappe analysiert, dann die vorhergehende und so weiter. Genauso bereitet man sich auf eine Präsentation vor.

Wenn Sie ein vorgegebenes Thema erörtern sollen, informieren Sie sich genau über die Intention Ihres Auftraggebers. Sprechen Sie alles soweit ab, bis Sie das Gefühl haben wirklich zu wissen, worauf er hinaus will und versprechen Sie nicht zu viel. Missverständnisse können hier fatal sein. Das gilt für Prüfungen, wie im Arbeitsalltag. Mit Fragen kommt man zum Kern einer Präsentation.

Fragen Sie sich:

- Was möchte ich erreichen?
- Was soll die Präsentation bei meinen Zuhörern auslösen – was sollen sie danach wissen, bedenken, fühlen oder tun?
- Worauf will ich hinaus?
- Was ist mein Resümee?
- Wie kann ich meine Botschaft in drei Sätzen zusammenfassen?

Zweiter Schritt: Informieren über die Zielgruppe

„Ich habe ein fantastisches Konzept für meine Präsentation. Vor drei Wochen waren die Leute ganz begeistert. Und gestern haben sie nur gegähnt – ich verstehe das nicht." Ähnliche Aussagen bekommt man in Coachings immer wieder zu hören. Eine Präsentation, die bei einer Gruppe bestens ankommt, kann bei einer anderen völlig daneben gehen. Gleiche Argumente können völlig unterschiedlich aufgenommen werden, je nach Interesse. Oft wird außer Acht gelassen, dass letzten Endes die Zuhörer darüber entscheiden, wie überzeugend man ist und dass die Zuhörerschaft sehr unterschiedlich reagieren kann, je nach Interessen, Vorwissen und Lebenswelt. Es gilt sich vorher so gut wie möglich über eine Gruppe zu informieren.

„Es ist nicht die Stimme, die den Verlauf einer Geschichte bestimmt, sondern das Ohr."
Italo Calvino

Fragen Sie sich:

- Was verbindet mich mit der Zielgruppe?
- Was unterscheidet mich vom Publikum?
- Was mag ich an den Zuhörern?
- Was sind die Erwartungen und Wünsche dieser Zielgruppe, was mögen sie – wie kann ich das erfahren?
- Wie alt sind sie?
- Wo und wie leben sie?

Natürlich kommt es auch oft vor, dass wir zum Beispiel als Kundenberater oder als Lehrende vorher so gut wie nichts über die Gruppe herausbekommen können. Dann gilt es am Anfang stärker auf das Publikum einzugehen mit Fragen zu den Erwartungen und Stimmungen. Nehmen Sie die Erwartungen der Zuhörer als wertvolle Hinweise ernst.

Für alle Zuhörer gilt, dass von unserem Denken und Meinen bis zur positiven und nachhaltigen Annahme des Gesagten auf der anderen Seite eine „Informationsverlusttreppe" existiert. Von dem, was ich denke, geht meist einiges verloren, wenn ich es in Worte packe. Weiterhin wird das, was ich sage oft nicht in allen Einzelheiten gehört, zum Beispiel weil die Zuhörer gerade gedanklich abschweifen oder von anderen Dingen im Raum abgelenkt werden. Wenn Sie etwas gehört haben, dann ist es noch lange nicht von Jedem verstanden worden. Verstandenes wird obendrein nicht zwangsläufig akzeptiert. Wenn wir etwas akzeptieren, sind wir nicht unbedingt so begeistert, dass wir uns auch damit identifizieren und von der Identifikation mit einem Gedanken ist es dann auch noch ein Schritt bis ein Zuhörer sich dazu aufrafft, erwünschte Taten folgen zulassen. In den folgenden Buchkapiteln erhalten sie an verschiedenen Stellen immer wieder Tipps, die Ihnen helfen werden, den Informationsverlust so gering wie möglich zu halten und die gewogene Aufmerksamkeit und Aufnahmefähigkeit der Zuhörer zu gewinnen und aufrecht zu erhalten,

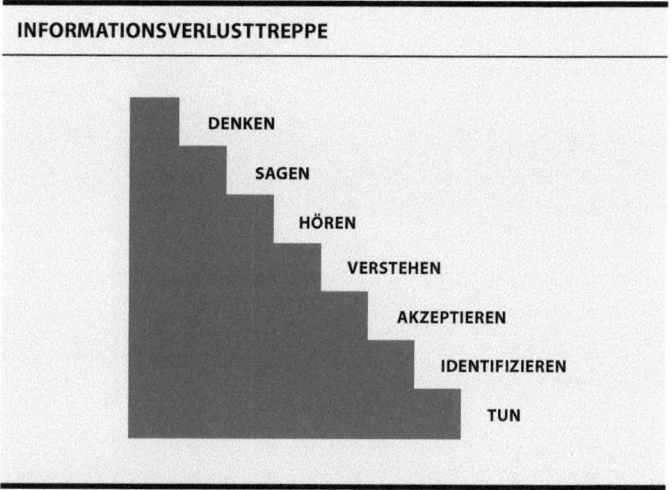

Dritter Schritt: Zeitraum festlegen

Man kann über alles reden. Nur nicht über 20 Minuten.
frei nach Kurt Tucholsky

Meistens ist der Zeitrahmen für einen Vortrag vorab festgelegt. Wer die Zeit selbst festlegen kann, sollte überlegen, wieviel Zeit er im Vorfeld hat, das Wesentliche herauszuschälen. Bleiben Sie bei der Präsentation im zuvor angekündigten Zeitraum! Ein Überziehen wird meist übel genommen.

Vierter Schritt: Präsentation strukturieren

Die meisten Zuhörer erwarten eine klare, einfache Struktur in Präsentationen. Vor allem im Management hat man oft eine Zuhörerschaft, die tausend andere Dinge am Tag im Kopf hat und die froh ist, wohlgeordnete komprimierte Informationen zu erhalten.

Gemäß der Maxime, das Ziel zuerst zu klären, erstellt man als Erstes den Schluss. Die Einleitung sollte die letzte Überlegung sein. Damit ist gewährleistet, dass man sich vor dem Formulieren der Rede Klarheit über das Ziel seiner Präsentation geschaffen hat. (Siehe auch „Der Fünf-Satz" Seite 21)

Fünfter Schritt: Medien auswählen

Es gibt eine Fülle von Möglichkeiten eine Präsentation sinnvoll zu unterstützen. Angefangen bei Tafel und Kreide bis hin zum Vorstellen von Filmen. Es gilt die richtigen Medien zu finden.

Fragen Sie sich:

- Welche Medien passen zu meinem Thema?
- Welche Medien sind für die Zuhörer die besten?
- Mit welchen Hilfsmitteln bin ich vertraut?

Diese Fragen erleichtern die Auswahl. Es geht darum die Mittel gekonnt anzuwenden, die Ihr Thema optimal zur Geltung bringen und den Zuhörern liegen. Üben Sie wenn möglich vorher mit den Medien!

Sechster Schritt: Räumlichkeiten vorbereiten

Es spart die Hälfte an Stress, wenn man den Raum vorher schon kennt. und weiß, welche technischen Möglichkeiten dort vorhanden sind. Wenn möglich vorher ansehen und nach seinen Vorstellungen einrichten gibt Sicherheit. Am besten man bleibt einige Zeit in dem Raum, betritt, wenn vorhanden, die Bühne und macht sich mit den Gegebenheiten vertraut. Besonders wichtig ist es, ungewohnte technische Medien, wie Mikrofone oder elektronische Whiteboards zu testen und deren Handhabung zu üben.

Siebter Schritt: Präsentieren üben

Nichts geht über das Üben und Analysieren der Präsentation, um die eigene persönliche Wirkung genauer zu kennen und passend einsetzen zu können. Präsentieren Sie so oft wie möglich! Nur Übung bringt Routine und lässt uns die Zeit besser einschätzen.

Es ist sinnvoll seine Präsentation vorher vor Video zu halten. Wir haben alle einen „blinden Fleck", was das eigene Verhalten betrifft, das heißt wir zeigen Verhaltensweisen, wie häufiges „äh" sagen oder bestimmte Gesten, die uns überhaupt nicht bewusst sind. Videoanalyse kann Überraschendes zu Tage fördern.

Den größten Gewinn haben wir, wenn wir vor Experten oder vor aufmerksamen Gruppen üben. Die Analyse mit einer Gruppe bringt viel realistischere Erkenntnisse als das einsame Ansehen eines Videos. Grund ist der menschliche Hang zur Negativität. Wir beachten unsere Schwächen im Übermaß und übersehen oft die entwicklungsfähigen Stärken. Wir erhalten so oft sehr wichtige Informationen über unser Verhalten und dessen Wirkung. Das „Feed-Back" wohlwollender Kritiker ist der beste Ratgeber!

DAS THEMA

WIE STEHEN SIE ZUM THEMA?

Zu Beginn meiner beruflichen Laufbahn arbeitete ich für ein Beratungs-
unternehmen auf einer Messe. Unser Chef sollte dort einen Vortrag
halten. Die Umstände dafür waren denkbar ungünstig. Mitten auf dem
geschäftigen Gelände gab es eine Art Muschel, halb offen, in der gespro-
chen wurde. Wenn Jemand präsentierte, herrschte dort meist gähnende
Leere. Man kam und ging während des Vortrags. Kaum einer hielt bis
zum Ende durch. Wer durchhielt, war von der ungemütlichen Atmosphäre nicht gerade positiv motiviert.

Am Vorabend der Rede über Unternehmenskultur kam unser Chef von
einem Seminar. Die Messe war bereits für diesen Tag beendet. Er sah
sich an, wo er diesen Vortrag halten sollte. Er tat mir fast leid, wie er
allein in dem grau gehaltenen Halbrund des Vortragsareals stand. Ich
dachte, so kann man sich mit einer Präsentation nur blamieren. Am
besten, er bringt die halbe Stunde so unauffällig wie möglich hinter sich.
Stattdessen sah er uns munter an und meinte: „Stellt ein Flipchart vor
unseren Stand und schreibt so groß wie möglich "Unternehmenskultur"
und die Uhrzeit des Vortrags darauf! Sprecht jeden an und sagt, dass es
interessant wird!"

Am nächsten Tag trat er dann aufgrund unserer Werbetrommel vor eine
überraschend große Gruppe von Zuhörern. Er begann sofort die Leute
einzuspannen, indem er ihnen Fragen zum Thema stellte. Was interessiert, Sie an dem Thema? Was möchten Sie darüber wissen? Er informier-
te sich über die Erwartungen der Zuhörer, wobei sich der Raum immer
mehr füllte. Er konnte in Ruhe entwickeln, was er rüberbringen wollte.
Er hatte freundlich, partnerschaftlich und zuhörerbezogen begonnen und
endete seine "Vorstellung" bedeutend mit seinen fundierten Thesen zur
Unternehmenskultur. Hinterher rannte man uns den Stand ein mit Nach-
fragen. Es war der beste Vortrag, der auf dieser Messe gehalten wurde.

Das Erfolgsrezept ist offensichtlich: Weil er seinen Vortrag für bedeutsam gehalten hatte und das auch öffentlich Kund tat, lud er das Publikum ein, an einer wichtigen Sache teilzunehmen. Und wer interessiert sich nicht eher für etwas Bedeutendes als für etwas Unwichtiges? In einem Moderatoren-Coaching für einen Workshop zur Einführung eines IT-Konzepts war die Sache umgekehrt. Ich besprach mit den beiden internen Beratern ihre Einstiegspräsentation. Sie erzählten mir verzweifelt von den vielen Nachteilen des neuen Systems, die noch bestünden, „so viele Bugs noch und und und...". Sie machten sich Gedanken darüber, wie sie das nun den Workshop-Teilnehmern erklären sollten. Sie steckten fest auf der „Problemebene". Wir drehten uns im Kreis. Das Gespräch war zu diesem Zeitpunkt zäh und ermüdend für alle Beteiligten. Erst meine Frage: „Findet Ihr denn überhaupt was Gutes an dem neuen System?", brachte die Wende. Sie sahen mich erstaunt an und meinten, natürlich, das Neue sei auf jeden Fall viel besser und zwar wegen.... Sie zählten mehrere sehr einleuchtende Verbesserungen auf und wirkten auf Einmal wie verwandelt, voller Energie. Sie hatten den Einstieg in die Anfangspräsentation zum Workshop gefunden, weil sie ihre eigene Einstellung geklärt hatten und einen aktivierenden Sinn in ihrem Vorhaben gefunden hatten.

Fragen Sie sich:
- Was finde ich an meiner Präsentation am wichtigsten?
- Was begeistert mich am Thema?
- Mit welchen guten Argumenten kann ich vorhersehbare Einwände entkräften?

Warum ist der Titel wichtig?

Ein Titel kann rätselhaft sein und Fragen aufwerfen oder er kann bereits als neugierig machende Frage formuliert sein. Er kann als Provokation formuliert sein oder auf den ersten Blick paradox erscheinen. Der Titel ist der Anfang der Einleitung (Weiteres siehe „Plausibel strukturieren mit der Fünf-Satz-Methode ab Seite 21").

Der Titel bindet Aufmerksamkeit. Texte ohne Titel können zuweilen im Unklaren lassen, worum es geht. In Trainings lesen wir oft Sachverhalte, wie Gebrauchsanweisungen vor ohne Titel. Und lassen die Zuhörer raten, worum es geht. Nur ganz selten hat jemand die passende Idee.

Wie wirkt man kompetent?

In einer Präsentation zum Thema Konflikt begann ein Student seine Einleitung: „Zuerst etwas zum Autor und wie er zu dem spannenden Thema kam ...". Es folgte ein kurzer, aber sehr erhellender Bericht über eine interessante Persönlichkeit. Mein spontaner Gedanke: er ist gut informiert und kompetent. Mit seiner Kurzbeschreibung legte er nahe im Thema wirklich drin zu sein.

Beurteiler von Präsentationen sind sich fast immer sehr schnell darüber einig, ob jemand kompetent wirkt oder nicht. Geben Sie Hintergrundinformationen und verwenden Sie treffende Worte. Weniger ist mehr, aber das muss sitzen. Geben Sie Beispiele und unterhalten Sie mit Anekdoten. Reden Sie, ohne auf unterstützende Blätter, Folien oder Charts zu blicken.

Durch klare Sprache macht man sich verständlich

Eine Faustregel ist: durch Einfachheit, Deutlichkeit und Prägnanz erreiche ich einen hohen Grad an Verständlichkeit. Es gilt einfache Worte zu finden, die sofort verstehbar sind und Fremdwörter zu vermeiden. Wer sie nicht versteht, traut sich meistens nicht das zuzugeben. Starke einfache Worte ziehen in Bann, wie etwa: Liebe, Leben, Tod etc. und lassen Bilder in unseren Köpfen entstehen.

Vermeiden Sie Füllwörter, wie: „bisschen, vielleicht und eigentlich", weil sie das Gesagte abschwächen und vor allem langweilen.

Plausibel strukturieren mit der Fünf-Satz-Methode

Verstehbarkeit und Überzeugungskraft einer Präsentation hängen in hohem Maße von ihrer Nachvollziehbarkeit ab. Sie braucht eine eingängige Struktur. Die folgende Einteilung in fünf Unterpunkte lässt sich auf die meisten Themen übertragen.

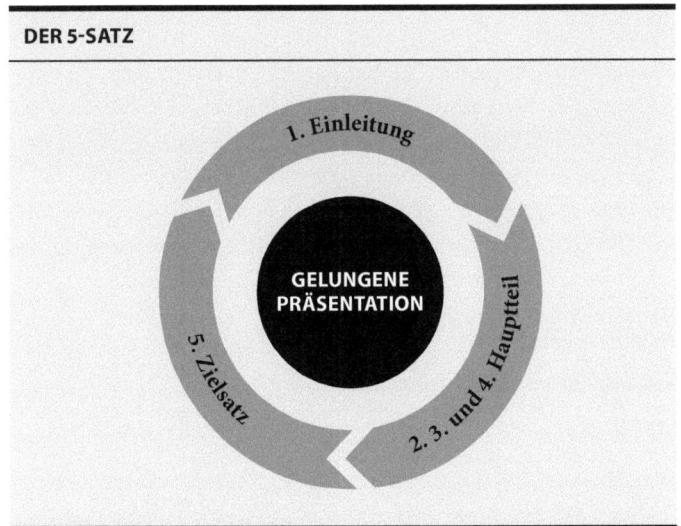

Wie wende ich den Fünfsatz in meiner Präsentation an?

5. Zielsatz – Der Schluss gehört bei der Vorbereitung an den Anfang.

Am Schluss sollte die Essenz unserer Aussagen stehen. Der Schluss verbindet mit der Einleitung und macht die Präsentation „rund".

Fragen Sie sich:

Was die Botschaft meiner Präsentation in einem klaren Satz?

Das ist eine einfache Frage, aber ihre Beantwortung kann Stunden dauern und sie lohnt sich. Wer diesen Satz formuliert hat, kann im Anschluss viel Zeit sparen. Man vermeidet damit sich zu verzetteln.

Am Ende ist es sinnvoll den Anfangs- und Endeffekt auszunutzen. Was wir zu Beginn oder am Schluss sagen, hat höhere Bedeutung für die Zuhörer und wird besser behalten als das Gesagte dazwischen. Ein guter Zielsatz bleibt lange im Gedächtnis.

Beispiele für gelungene Zielsätze

- eine prägnante Zusammenfassung: „Kurz gefasst, es geht um ..."
- ein passender Slogan: „Und deshalb sagen wir: ..."
- eine motivierende Aufforderung: „Also packen wir`s an!"
- ein bestätigendes Zitat: „Wie XY gesagt hat ..."
- das Resultat der Erwägungen: „Fazit ist ..."
- die Auflösung eines Widerspruchs des in Einleitung oder Hauptteil Gesagten: „Und deshalb Aktivität und Entspannung zusammen ..."

2., 3. und 4. Hauptteil

Die Dreiteilung ist für unser Gehirn besonders eingängig. Sie erscheint uns logisch.

Drei gute, das heißt für den Zuhörer wichtige Argumente sind überzeugender als zehn! Die bei der Vorbereitung bereits erwähnten drei Sätze zum Inhalt sind der Regel die beste Strukturvorgabe für den Hauptteil. Darüber hinaus gibt die Suche nach den Sätzen oft Hinweise auf die Gestaltung der Einleitung.

Beispiele für sinnvolle Gliederung des Hauptteils:

- chronologisch: „Früher ging man so vor ... Heute können wir bereits ... In Zukunft werden wir ...".
- aufzählend: „Die Grundeigenschaften von X sind erstens ..., zweitens ..., drittens ..."
- vergleichend: Nr. 1 ist hell grün ... Nr. 2 blau und Nr. 3 rot,
- gegenüberstellend: „Man kann diese Sache so sehen, aber andererseits ... also können wir sagen, wenn wir beide Seiten betrachten ..."
- und argumentierend: ich behaupte ... weil 1., 2. und 3.

1. Einleitung

Der Präsentations-Beginn soll neugierig machen und Aufmerksamkeit wecken.

Fragen Sie sich:
Womit kann ich Aufmerksamkeit gewinnen?

- mit einem ungewöhnlichen oder witzigen Zitat,
- mit einer passenden Anekdote oder kleinen Geschichte, damit das Thema in einen anschaulichen, sinnvollen Zusammenhang gestellt werden kann,
- mit persönlicher Vorstellung; Persönliches erscheint immer interessant,
- mit einer Definition, z.B.: Präsentieren ist das Vorstellen eines Themas vor einer definierten Zielgruppe mit mindestens einem Medium in freier persönlicher Rede,
- mit einer konfrontierenden Provokation,
- mit einer gewaltigen These,
- mit einer interessanten Frage,
- mit einem Bild,
- mit einer kurzen Erläuterung der Präsentationsgliederung.

Die Cicero-Technik für das Gedächtnis – wie behalte ich alle wichtigen Punkte?

Der römische Redner Cicero war im Stande seine stundenlangen Reden mit etlichen Argumenten aus dem Gedächtnis wiederzugeben.

Seine Vorgehensweise:

In Gedanken legte er jedes Argument nacheinander auf eine Säule seines Atriums. Bei seinen Reden ging er im Geist an diesen Säulen entlang und holte sich dort nacheinander seine Argumente ab. Er stützte sein Gedächtnis mit einem vertrauten Bild.

Genauso kann man sich auf Präsentationen vorbereiten. Man geht in Gedanken einen bekannten Weg oder belegt einen Raum mit Argumenten, die man während des Vortrags „abholen" kann. Man kann damit die Reihenfolge erinnern.

Die Verbindung von logischem und bildhaftem Denken erleichtert das Erinnern. Selbst unlogische Verknüpfungen sind über Bilder spielend leicht zu behalten. In Trainings lese ich den Teilnehmern oft Wortpaare vor, ohne Bezug zueinander, wie Maus und Lebenslauf oder Bleistift und Rose. Sie sollen sich 12 solche Paare merken und in der richtigen Reihenfolge hinterher aufschreiben. Den größten Erfolg bei dieser Übung haben meist diejenigen, die sich witzige oder absurde Bilder dazu einfallen lassen, wie eine Maus, die ein Blatt mit einem Lebenslauf anknabbert oder eine Rose, die aus einem Bleistift wächst.

Die Magie der Worte – Visualisieren mit bildhafter Sprache

Im Training entschied sich ein Teilnehmer für sein Arbeitsthema „Abwasserwirtschaft". Ich gebe zu, dass ich mich nicht besonders darauf freute. Ich bereitete mich auf eine schwerverdauliche Abhandlung über den Umgang mit Wasserverschmutzung vor. Ich stellte mir Beschreibungen von verdreckten Rohren und kontaminierten Flüssen in Industriegebieten vor.

Seine ersten Worte waren völlig unerwartet: „Wasser ist Leben", trug er feierlich vor. Alle horchten auf. Vor meinem inneren Auge entstand eine Berglandschaft mit einem Wasserfall, wie in den Alpen.

Es folgte eine interessante Darstellung der Reinigung von Wasser. Es erschien wichtig, sinnvoll und positiv.

Wir können mit unserer Wortwahl, am besten gleich zu Beginn, zu angenehmen, inneren Bildern einladen und damit unser Publikum um einiges wohlwollender stimmen. Der Mensch ist vor allem „Augentier", deshalb ist es sinnvoll bei jedem Publikum den Sehsinn zu aktivieren. Nicht nur der Vortrag erscheint angenehmer, sondern auch gleich der ganze Mensch, der sich positiver Worte bedient und schöne Bilder hervorruft. Die Person des Redners wird mit seinen Worten assoziiert, sie rücken ihn ins gleiche Licht. Die bildhafte Sprache erreicht unsere Sinne fast wie echte Bilder oder Filme. Beispiele kann man besonders gut ausschmücken. Sie zählen zu den wichtigsten Verständlichmachern und sie sind fantastische Anker für das Erinnerungsvermögen.

Zu bedenken ist, beim Tool der bildhaften Sprache, dass es im täglichen Leben oft benutzt wird, zum Beispiel in fast jeder Werbung und dass es viele leere Modewort-Hülsen gibt, wie jung, dynamisch etc., die so verbraucht sind, dass sie kaum noch etwas beim Zuhörer bewirken, außer Gähnen.

ÜBUNG ZUR GUTEN WORTWAHL

Erstellen Sie eine Liste mit Wort- und Satzpaaren, die das gleiche meinen, einmal positiv formuliert und einmal negativ!

Beispiele:

- *bezahlen oder regeln,*
- *nicht schlecht oder gut*
- *halbleer oder halbvoll*
- *schwierig oder herausfordernd ...*

Die Stimmung erhellt sich nicht nur bei den Zuhörern sondern auch beim Redner!

Prägnantes wird behalten

In einem Coaching-Gespräch beklagte sich ein Geschäftsführer über seinen eigenen Vortragsstil. Die Zuhörer würden nach kurzer Zeit immer „abschalten". Er hatte eine angenehme Stimme und wirkte freundlich. Er war humorvoll und wendete sich dem Zuhörer zu.

Ich dachte über diese positiven Dinge nach, als er sprach und merkte plötzlich, dass auch ich nicht mehr zuhörte. Ich achtete darauf, wann ich ausstieg: Irgendwann mitten im Satz. Es lag an der Satzbildung. Die Sätze waren druckreif, verschachtelt und vor allem sehr lang. Druckreif ist nicht redereif! Was im Dialog schon zum Aussteigen einlädt, verstärkt sich in seiner Wirkung in der Präsentation. Lange Sätze sind Aufmerksamkeits-, Verständnis- und Erinnerungskiller. Denken Sie auch daran, dass der Konjunktiv ein besonders langweiliger Satz-Verlängerer ist. Anstatt:"Ich würde Ihnen gerne vorstellen...." lieber: "Ich stelle ihnen vor...".

Günstig ist ebenfalls die Gegenwartsform. Anstatt: "Sie werden das anwenden können.", klingt viel aktivierender: "Sie können das anwenden."

Außerdem lädt man andere zum Zuhören ein, wenn man eher Verben anstatt Substantive benutzt, wie zum Beispiel: „Erinnern Sie sich!", anstatt, „Die Erinnerung an etwas Gesagtes..." und bedenken Sie, dass bei Erzählungen die wörtliche Rede besonders aufhorchen lässt. Ganz wichtig ist es, treffende Ausdrücke zu benutzen. Zum Beispiel ist es viel aussagekräftiger, wenn man sagt:"Er schreit..", als:"Er sagt...", oder „sie zitterte vor Kälte", als "Sie fror." Es lohnt sich nach „frischen" besonders passenden Worten zu suchen und seinen eigenen Wortschatz zu erweitern. Hilfreich sind dabei Synonymlisten.

ÜBUNG FÜR KURZE SÄTZE

Nehmen Sie sich eigene Texte vor und zerlegen Sie lange Sätze in einzelne klare Aussagen

---

ÜBUNG FÜR PRÄGNANTES FORMULIEREN

Finden Sie für Wörter Ihrer Wahl jeweils fünf Synonyme:

Beispiel:

gehen...laufen...springen...schlendern...hinken...rennen

DIE MEDIEN

WELCHE MEDIEN PASSEN WOZU?

Das am stärksten wirkende Medium sind Sie selbst. Ihnen möchte ich
ein eigenes Kapitel widmen (siehe Kapitel „Persönlichkeit" Seite 52).
Im Folgenden geht es um die den Präsentator unterstützenden Möglichkeiten. Die Medientechnik ist ständigem Wandel unterworfen und es ist
nützlich hier am Ball zu bleiben. Ich stelle Ihnen eine Auswahl gängiger
Medien mit ihren Vor- und Nachteilen vor.

Der Raum als Bühne

Ein grundlegendes Medium bei jeder Präsentation ist der Raum, den
man zum Agieren zur Verfügung hat. Er schafft Atmosphäre und bestimmt unsere Möglichkeiten im Voraus. Am besten man betrachtet ihn
als seine Bühne. Indem Sie vorher den Raum ansehen und vor Ort zumindest in Gedanken den Vortrag durchgehen, machen Sie ihn zu Ihrer
eigenen Bühne, auf der Sie das Gesagte in Szene setzen. Außerdem gibt
ein vertrauter Raum, wie bereits erwähnt entstressende Sicherheit.
Stehen Sie direkt vor den Zuschauern und verzichten Sie auf Tische oder
Pulte! Alles was zwischen Ihnen und dem Publikum steht, schmälert
die Ausstrahlung. Im Stehen ist man wesentlich präsenter. Die Augen
der Zuhörer richten sich auf Sie. Achten Sie darauf, gleich zu Beginn
festen Stand auf beiden Füßen zu haben. Das gibt Selbstvertrauen und
signalisiert dies den Zuhörern.

Wir brauchen Bewegungsfreiheit, um uns beim Vortrag wohl zu fühlen und uns entfalten zu können. Es ist gut sich Raum zu geben und ihn zu nutzen. Alle visuellen Medien sollten wie die Person für jeden gut sichtbar und Geschriebenes von jedem Platz aus gut lesbar sein. Die Schriftgröße kann entscheidend sein. Das gilt besonders für Tafel, Flipchart und Pinnwand. Man kann durchaus diese Medien erfolgreich auch in riesigen Hörsälen verwenden. Farben sollte man maßvoll einsetzen. Am Besten ist es mit nur drei Farben zu arbeiten. Blau und Schwarz sind für die Schrift besonders gut. Wichtig ist auch, darauf zu achten, dass der Raum ausreichend beleuchtet ist.

Flipchart, Pinnwand, Tafel und Kreide
Flipchart
Vorteile: Am Flipchart lassen sich Dinge in Zusammenarbeit mit den Zuhörern erarbeiten. Der Präsentierende kann einen guten Kontakt zu den Zuhörern aufbauen, weil keine Technik zwischen ihnen steht. Sein Gebrauch verbindet mit den Zuhörern, kann sie zu Co-Akteuren machen, wenn man z.b. ihre Ideen zu etwas sammelt, ihre konkreten Fragen aufschreibt oder mit ihnen zusammen Schemata entwickelt.
Große Schrift erlaubt die Anwendung des Flipcharts auch in weitläufigen Räumen. Das Erarbeitete kann im Raum aufgehängt werden.
Nachteile: Exakte, komplexe Darstellungen wirken auf dem Flipchart unübersichtlich. Große Informationsmengen lassen sich nicht unterbringen.

Anwendung:

- Ideensammlungen auf Zuruf in begrenztem Rahmen
- einfache Bilder mit Ergänzungen
- Grobgliederungen
- Stichwort

Pinnwand

Vorteile: Die Arbeit mit Karten ermöglicht das Erarbeiten umfangreicher Vorschläge, Ideen oder Informationen. Sie können beliebig zusammengestellt und umgehängt werden. Mit den Karten lassen sich unterschiedliche logische Zusammenhänge verdeutlichen. Die Zuhörer können aktiv miteinbezogen werden.

Nachteile: Die Arbeit mit Nadeln muss geübt werden. Zusammenhänge können unübersichtlich werden.

Für eine Dokumentation, z.B. als Fotoprotokoll, ist das Material oft nicht mehr gut lesbar.

Anwendung: Die Pinnwand ist ein gutes Medium in der Moderation von Problemlösungen und kann als Kurzmoderation innerhalb einer Präsentation zur Aktivierung der Zuhörer dienen. Ideen lassen sich gut clustern (nach Themen ordnen). Das Medium erlaubt anschauliche Darstellung. Man dokumentiert und würdigt die Kreativität der Zuhörer. Die Karten sind am besten lesbar, wenn Groß- und Kleinschrift verwendet wird, maximal 3 Zeilen auf eine Karte geschrieben werden, ein Gedanke einer Karte zugeordnet wird, in Stichworten geschrieben wird und nur bekannte Abkürzungen und Fremdwörter benutzt werden.

Tafel und Kreide

Vorteile: Wir haben keine empfindliche Technik und keinen unnötigen Papierverbrauch. Wenn im Raum mehrere verschiebbare Tafeln angebracht sind, kann man relativ viele Informationen übersichtlich aufbereiten.

Nachteile: Einer professionellen Bildaufbereitung sind künstlerische Grenzen gesetzt. Zu beachten ist, dass man mit Kreide besser in einer Schreibschrift mit relativ groß geschriebenen kleinen Buchstaben schreiben kann. Damit es gut aussieht, ist es sinnvoll vorher an der Tafel zu üben.

Anwendung: Schulen und Universitäten sind damit noch zu einem großen Teil ausgestattet. Zum Präsentieren eignet sich das Medium, ähnlich wie ein Flipchart.

Laptop und Overhead

Laptop/Beamer

Vorteile: Vielen erscheint die Power-Point-Präsentation als **das** Medium der heutigen Zeit. Das Laptop erlaubt die annehmbare Aufbereitung schwieriger Zusammenhänge. Die Präsentation erhält allein schon durch die guten Darstellungsmöglichkeiten mehr Professionalität. Power-Point erlaubt dynamische Bilddarstellungen. Bilder können problemlos und ansprechend vor den Zuschauern entwickelt werden. Aktuelle Daten können online mitverarbeitet werden. Vielfältige Daten und hochkomplexe Darstellungen können über entsprechende Software aufbereitet werden. Außerdem können ganze Filme eingespielt werden. Und überhaupt: Es sieht einfach perfekt aus!

Nachteile: Das Bild gerät oft ganz in den Vordergrund. Man misst den Inhalt stark an der Originalität der Darstellung. Die Persönlichkeit des Redners spielt eine untergeordnete Rolle.

Anwendung: Der Beamer dient der repräsentativen Darstellung in der Kundenberatung, bei der Vorstellung vor einem professionellen Publikum und wird in vielen Fällen als „state of the art Medium" erwartet.

Overhead-Projektor

Vorteile: Der Overhead ist eine aussterbende Art, die sich aber in Schulen und anderen öffentlichen Veranstaltungsorten immer noch großer Beliebtheit erfreut. Er ist umständlicher als der Beamer, erfüllt aber ähnliche Dienste. Komplexe Schemata und Zahlenreihen können problemlos dargestellt werden. Die Folie sieht korrekt aus. Längere Texte können vorgestellt werden. Das große Bild ist auch für große Gruppen gut sichtbar. Es bündelt durch seine Helligkeit die Aufmerksamkeit. Und ein weiteres Plus: Man kann Gegenstände als Schattenbilder projizieren.

Nachteile: Die Interaktion zwischen Redner und Zuhörern ist durch die Fokussierung auf die helle Leinwand schnell gestört. Die Überzeugungskraft des Redners kann darunter leiden, denn Sie lebt von seiner vollen persönlichen Ausdruckskraft.

Anwendung: Der Overhead-Projektor eignet sich für die Vorstellung ausgefeilter Darstellungen und Texte, wenn man keine andere Möglichkeit hat. Man kann darauf mit entsprechenden Stiften schreiben. Power-Point Präsentationen auf Folie gedruckt, können gezeigt werden.

Neue Techniken

Es gibt Medienneuerungen am laufenden Band. Zum Beispiel wird die Beamer-Technik in Verbindung mit einem Tablet-PC immer beliebter, auf den man mit verschiedenen Farben schreiben kann. Es ist sehr wichtig neues vorher aus zu probieren. Dazu gehört, wie bereits erwähnt, auch das Mikrofon, heute meistens das Headset. Es gilt die Lautstärke zu testen und den Gebrauch zu üben.

Der Assistent – zur Entlastung und Auflockerung

Der Einsatz technischer Medien ist hilfreich. Er beinhaltet jedoch auch ein hohes Störungspotenzial. Ein Assistent kann helfen und Stress mindern. Bei Prüfungen ist die Funktion des Assistenten vorher mit den Prüfern abzusprechen. Bei anderen Präsentationen kann die Übernahme von kurzen Darstellungen durch den Assistenten auflockern und dem Präsentierenden die Möglichkeit geben den Überblick zu bewahren.

Ein Assistent kann:

- Karten an die Pinnwand bringen, während wir zum Publikum reden
- Bemerkungen der Zuhörer aufschreiben, während wir Fragen stellen
- Beamer oder Overhead-Projektor bedienen
- Medien in die richtige Position bringen, während wir Überleitungen zum nächsten Punkt erzählen
- Gegenstände weitergeben
- Versuchsanordnungen bedienen
- Übungen vorlesen
- mit dem Blick auf die Zeit kleine Hinweise geben

Weniger ist mehr! – Ein Bild in der Minute reicht.
Viele kennen Präsentationen, bei denen man mit Charts schier erschlagen und mit Informationen überhäuft wird. Dabei wird das menschliche Maß vergessen.
Am besten wählen Sie wenige wichtige Informationen aus und strukturieren sie. Die Zuhörer behalten viel weniger im Gedächtnis als wir glauben. Sie hören nicht mal permanent zu. Sie brauchen ansprechendes Material in plausibler Gliederung. Mehr als sieben Informationen auf einmal können kaum behalten werden und wenn viel Text auf dem Chart zu lesen ist, sieht keiner mehr zum Vortragenden.
Vergleichen Sie selbst:

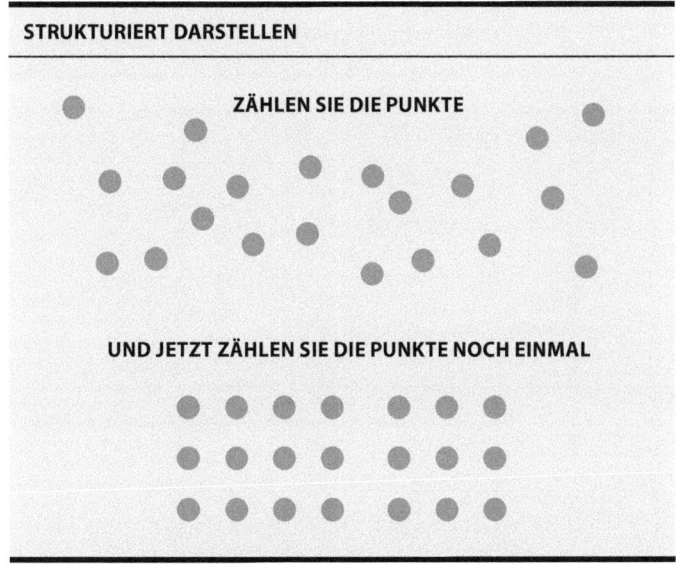

„Ein Bild sagt mehr als tausend Worte"
Aus dem Bereich Lerntechnik stammen die so genannten Netzbilder.
Es sind für unser Gehirn besonders eingängige bildliche Darstellungen.
Sie sind Grundformen der Visualisierung von logischen Strukturen:

Einprägsame Netzbilder:

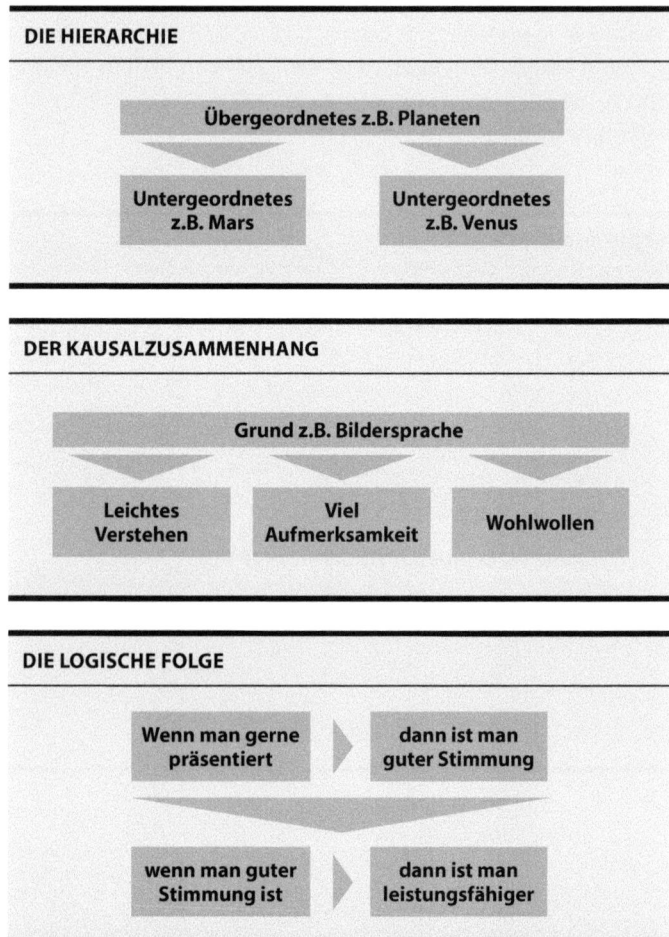

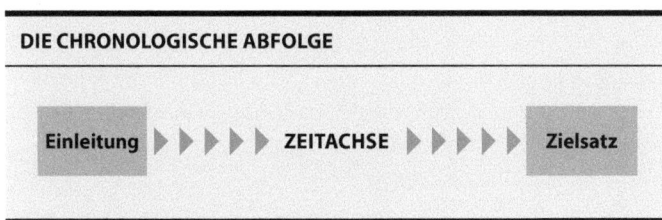

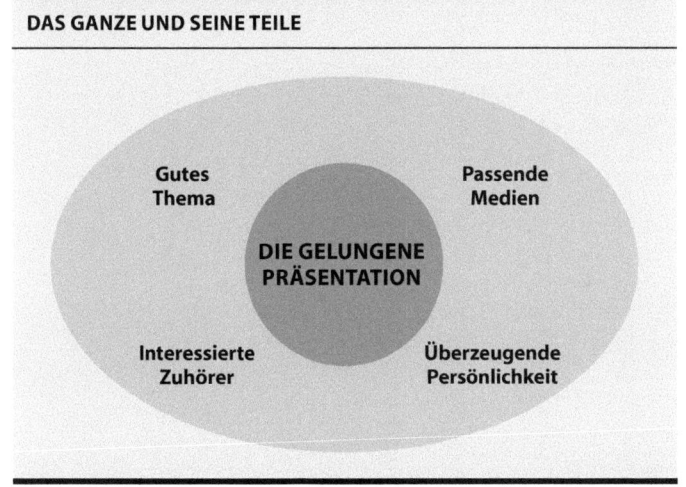

„Sage es mir und ich vergesse es. Zeige es mir und ich behalte es. Lass es mich selber tun und ich verstehe es."

Lao Tse

Das haptische Medium ist das Stärkste

In der Präsentation eines Schülers der 11. Klasse ging es um die Geschichte der Fußballbundesliga. Statt langer Reden gab er uns den neuesten Fußballschuh in die Hand und begann, zu erzählen wie es früher war. Ich erinnere mich genau an den Schuh und auch an das was folgte. Mit diesem so genannten haptischen Medium hatte er sich unsere Aufmerksamkeit gesichert. Wir begriffen schnell, weil es im wahrsten Sinne des Wortes etwas zu begreifen gab.

Überlegen sie sich immer, ob es möglich ist, haptische Medien einzusetzen. Selbst bei abstrakten Themen ist das durchaus sehr oft möglich.

Wie viel behalten wir wodurch?

- Lesen (10%)
- Hören (20%)
- Sehen (30%)
- Hören und Sehen (50%)
- Dokumentieren (70%)
- Begreifen, Selbst tun (80%)

DIE ZIELGRUPPE

GELUNGEN IST NUR WAS ANKOMMT

„Wenn zu perfekt,
lieber Gott böse"
Nam Jun Paik

Rede lieber unperfekt – Einige Monate nach einem Vortragsabend mit mehreren Referenten zum Thema Erfolg und Disziplin, fragte man mich: „Was hast Du von damals behalten." Da waren zwei hochdotierte Redeprofis gewesen, von denen mir einer durch sein Feuerwerk an Schlagfertigkeit und Witz im Gedächtnis geblieben war. Allerdings, alles was ich noch von ihm wusste, war, dass er einen Schal statt einer Krawatte getragen hatte – Inhalt? Fehlanzeige. Der Andere hatte mit uns eine Übung gemacht, bei der es darum ging, wie wichtig klare Information ist. Aber wie das genau war, ich hatte keine Ahnung mehr.

Alles was ich von diesem Abend in bleibender Erinnerung hatte, waren Aussagen von zwei Triathleten, Lothar und Nicole Leder. Sie beschrieben anschaulich, dass sie selbst bei den großen Herausforderungen eines Triathlons immer wieder ins Zweifeln kommen, Probleme mit der Motivation haben, wenn man zum Beispiel Gefahr läuft beim massenhaften Schwimmen im Meer, von den anderen unsanft geschubst zu werden und erzählten mit einfachen klaren Worten, was sie in solchen Situationen machen: in kleinen überschaubaren Zeiträumen denken und immer auf den nächsten Schritt konzentrieren. Das ist ein prima Tipp auch für Präsentierende in schwierigen Situationen. Natürlich hatten die anderen sicher auch gute Tipps, aber ich hatte sie nicht behalten, fast alles war weg.

Wieso erinnerte ich mich an die Aussagen der beiden Sportler und nicht an die eloquenten, super-lustigen Darstellungen der Redeprofis? Die Antwort ist, sie waren mir besonders sympathisch. Ich war bis dahin davon ausgegangen, dass solche Profis nie zweifeln und mir mit ihrer bemerkenswerten Durchhaltefähigkeit unerreichbar überlegen sind. Es war sehr erleichternd zu hören, dass sie sich mit genau denselben Problemen herumschlagen wie alle anderen. Sie hatten sich mit uns Normalos auf eine Stufe gestellt, uns dort abgeholt und wirkten authentisch. Die antrainierte Redegewandtheit der Anderen hatte sie von uns getrennt. Der Zugang von ihnen etwas lernen zu können, war versperrt gewesen. Man konnte sich bei ihnen nicht wiederfinden. Sie waren kurzweilig, aber nicht aktivierend, weil sie unerreichbar überlegen wirkten. Sie hatten eine Kluft zwischen sich und dem Publikum aufgebaut und konnten so nicht rüberkommen. Es ist also wichtig sich zu fragen: Wer hört mir zu und was will ich bei dieser Gruppe erreichen?

Ein wunderbares Beispiel für gelungenes Vermitteln bei einer ganz anderen Gruppe war mein erster Englischlehrer. Herr Müller konnte selbst komplizierte grammatikalische Sachverhalte so erklären, dass wir richtig Spaß daran hatten. Um uns Subjekt, Prädikat und Objekt im Satz zu erklären, erfand er unsinnige Worte: the wibble wobbled the gobble. Diesen netten Unsinn habe ich bis heute nicht vergessen und damals sofort kapiert. Beim Erklären, lag Begeisterung in seiner Stimme, und wir waren alle ganz bei der Sache. Er hatte eine tadellose Aussprache, wandte sich uns zu und ließ uns den netten Quatsch wiederholen. Er hatte unsere kindliche Frequenz erreicht. Wir amüsierten uns und merkten kaum, dass wir erfolgreiche Lernanstrengungen machten. Er hatte unsere Wellenlänge getroffen und damit eine besonders angenehmen leichten Weg der Informationsvermittlung gewählt: den spielerischen Weg.

Die Begrüßung – warum ist sie so wichtig?

Bei jedem Festakt, jedem Gala-Event kommt als erstes eine Namens-Litanei von Personen, die aus irgendeinem Grund wichtig für die Veranstaltung sind. Wehe, es wird jemand vergessen, man zieht unweigerlich Ärger auf sich. Ein anderes Beispiel brachte mir ein Abteilungsleiter in einem Training. Er meinte, er und sein Kollege hätten innerlich mit ihrem Chef abgeschlossen. Er sei unmöglich. Als ich nachfragte, was die wichtigste Verfehlung dieses Mannes gewesen war, erzählte er, dass der Chef nach einem gelungenen Projekt in der Abschlussrede mit Begrüßung und Danksagung die beiden nicht namentlich erwähnt hatte. Vielleicht war das eine überspitzte Reaktion, aber es ist erwiesen, dass wir alle gern durch eine Begrüßung positiv aufgenommen werden. Wir fühlen uns dann angesprochen, anerkannt und sind eher geneigt wohlwollend zuzuhören, als wenn wir nicht begrüßt werden.

Wie macht man Zuhörer neugierig?

Nicht nur zu Beginn einer Präsentation, ist es wichtig Aufmerksamkeit auf sich und sein Thema zu lenken. Auch mitten im Vortrag ist es bedeutsam Aufmerksamkeit zu halten oder wieder zu gewinnen.

Folgende Stilmittel machen aufmerksam:

- Eine passende kurze Geschichte,
- Ein Schema, das sich nicht sofort von selbst erklärt,
- Persönliches passend eingeflochten, (Alter, Hobbies, Eigenschaften, verbindende Schwächen)
- „Geheimnisse", nach dem Motto: „ich gebe zu, dass ..." oder „Unter uns gesagt ...", den Zuhörern wird damit eines ihrer Grundbedürfnisse befriedigt: das Bedürfnis nach Zugehörigkeit,
- Provokante Thesen oder auf den ersten Blick Widersinniges, wie „Stress kommt nicht von zu viel Belastung, sondern von zu wenig ..."
- Ungewöhnliche Medien, wie der Fußballschuh (Siehe „Das haptische Medium ist das Stärkste" Seite 36).

Positive Rückmeldung verleiht Anerkennung

... und nicht nur das: Wenn ich Beiträge der Zuhörer, wie Antworten auf Fragen und Ergänzungen zum Thema bestätigend würdige, erhöhe ich die Aufmerksamkeit und die Bereitschaft zu aktivem Mitmachen und Mitdenken. Besonders positiv wirkt, wenn ich auf Beiträge an anderen passenden Stellen in der Präsentation wieder zurückkomme. Das gelingt, wenn ich beispielsweise sage: "wie Herr Meier vorhin treffend sagte, ...", oder „Ich komme jetzt auf Ihre Frage zurück ..." Selbst sehr unaufmerksame Zuhörer sind sofort wieder im Boot, wenn sie ihren Namen hören und auch noch in positivem Zusammenhang. Das bedeutet natürlich: aufmerksam sein! Viel wichtiger ist, den Zuhörern positive Anerkennung zu zollen, als selbst nach deren Bestätigung zu heischen. Wenn die Zuhörer sich bestätigt und gemocht fühlen, sehen sie den Redner im positivsten Licht.

Fragen sind genial!

Die Macht der Fragen ist gewaltig, denn wer fragt führt! In jeder Frage steckt der Appell: Antworte mir! Wir reagieren automatisch mit erhöhter Aufmerksamkeit darauf. Eine leicht zu beantwortende Frage oder eine lobende Bemerkung beflügelt uns meist und wir reagieren sachkundig und erfreut. Menschen wollen gefragt werden.

Sie können mit Fragen:

- Das Nachdenken über das Thema in Gang setzen: z.B. mit einer Frage beginnen: „Was möchten Sie über das Thema wissen?"
- Informationen über den Wissensstand der Zuhörer sammeln, z.B.: „Wer war von Ihnen bereits in New York?"
- Neugierig machen: „Und nun, wie soll das gehen?"
- Komplexe Sachverhalte weitergeben: „Und wie komme ich darauf?"
- Mit dem Wissen der Zuhörer arbeiten, z.B.: „Welche Details fallen Ihnen dazu ein?"
- Gliedern: „Und was kommt nun?"
- Aufmerksamkeit wiedergewinnen: „Ist das für Sie nachvollziehbar?"
- Aktivieren, z.B.: „Können Sie sich Folgendes vorstellen?"
- Herausfordern: „Glauben Sie, dass sie schaffen 25 Begriffe auf einmal zu behalten?"
- Standpunkte klären, z.B.: „Welcher Meinung sind Sie?"
- Überzeugen, z.B. mit rhetorischen Fragen: „Haben Sie sich nicht auch schon gefragt...?"
- Die Stimmung der Zuhörer herausfinden, z.B.: „Sind Sie damit zufrieden?"

Es ist bei Fragen zu beachten, dass sie kein schlechtes Licht auf den Befragten werfen dürfen. Stellen Sie keine Fragen unvermittelt an Einzelne, die deren Unwissen offenbaren könnten. Man fühlt sich ertappt, wie in der Schule und dementsprechend unwohl.

Und wenn die Anderen fragen – Wie gehe ich mit kritischen Reaktionen um?

Stellen Sie sich vor, Sie präsentieren den Kern Ihrer neuen Idee vor einem vorgesetzten Gremium und wollen wissen, ob es dazu noch Verständnisfragen gibt. Jemand meldet sich und meint: „Wie kommen Sie darauf? Das lässt sich doch gar nicht umsetzen?"

Aus Angst vor solchen Fragen versuchen viele Präsentierende erst gar nicht die Zuhörer zu Einwänden zu motivieren.

Andererseits sind Fragen und Einwände für jeden Präsentierenden von großem Wert. Sie geben Auskunft darüber, wie das was Sie sagen ankommt. Sie können etwas über die allgemeine Stimmung verraten. Sie geben Gelegenheit wenn nötig einzulenken oder Dinge klarzustellen, die nicht ganz verstanden wurden. Sie geben den Zuhörern die Möglichkeit kreativ mitzudenken. Die Zuhörer können selbst bestimmen, wie sie sich etwas aneignen und können damit Sie und andere beeindrucken.

Um kritische Bemerkungen produktiv zu nutzen, gilt es einige Regeln zu beachten. Nehmen Sie jede Bemerkung zunächst positiv auf, wie z.B.: „Ja, das ist ein wichtiger Punkt, den ich so ... sehe.", oder: „Genau diese Frage habe ich mir zunächst auch gestellt.".

Lassen Sie den Anderen ausreden, nicht unterbrechen!

Vermeiden Sie ein „Nein" zu Beginn des Satzes. Sagen Sie lieber: „UND ich bin anderer Meinung, als ABER ich meine ...". Das Und verbindet, während das Aber trennt. Benutzen Sie „rhetorisches Judo", indem sie das Gesagte wiederholen und dann ihre Argumente vorbringen. Zum Beispiel: "Sie sagen..., und ich bin anderer Meinung, weil 1..., 2..., 3...".

Wie zuvor bereits erwähnt: Bringen sie lieber die drei für den Zuhörer einleuchtendsten Argumente an, als zehn, auch wenn sie gut sind.

In jedem Fall ermutigen Sie die Zuhörer sich zu äußern mit Worten, wie: „Welche Fragen, Gedanken oder Ergänzungen haben Sie dazu?".

Oft hört man: „Gibt es noch Fragen?". Sehr selten schwingt sich jemand bei dieser geschlossenen Frage auf, aktiv zu werden, also VERMEIDEN!

Und wie überwindet man die Angst vor Fragen, Einwänden und Widerstand? Am besten, indem man sich auf die Zuhörer konzentriert und berücksichtigt, dass die auch nicht angstfrei sind. Denken Sie bei sich: Ihr Lieben, Ihr braucht keine Angst zu haben! Mit diesem mentalen Switch von sich selbst zu den Zuhörern, geht man unwillkürlich in eine andere eher übergeordnete Rolle und fühlt sich sofort besser. Darüber hinaus erreicht man mit der neuen wohlwollenden Einstellung gegenüber den Zuhörern bei sich selbst eine vielschichtige Verhaltensänderung, die zur Ausstrahlung von Wärme beiträgt. Unser Gesichtsausdruck wirkt weicher, die Stimme vertrauenserweckender und man gewinnt enorm an Charisma.

Mag jeder Humor?

In der Arbeit mit Abiturienten fragte mich ein Teilnehmer, ob Lehrer und später Professoren, wo es um wissenschaftliches Arbeiten geht, wirklich Humor mögen würden. Es erschien ihm einfach unprofessionell. Tatsächlich ist Humor das eleganteste Mittel, um Aufmerksamkeit, entspannte Atmosphäre, Leichtigkeit und Wohlwollen der Zuhörer zu erhalten. Alle Menschen lachen gern.

Aber ein paar Regeln sollte man beachten:

- Verwenden Sie keine Witze, die Einzelne oder Gruppen ausgrenzen.
- Wenn Sie sich über jemanden lustig machen, überlegen Sie, ob Sie an dessen Stelle mitlachen könnten.
- Der Witz sollte von jedem verstanden werden.

Was ist Ihr Lieblingssinn?

Präsentationen werden mit den Sinnen wahrgenommen. Es gibt Unterschiede im Bevorzugen bestimmter Sinne.

Machen Sie den Selbsttest zu Ihrem Lieblingssinn!
Welche Situation gefällt Ihnen am besten? Lesen Sie sich folgende Urlaubssituationen durch und entscheiden Sie welche Beschreibung Ihnen spontan am besten gefällt!

Situation A. Sie sitzen am Mittelmeer in einer kleinen Taverne am Strand. Die Sonne sinkt langsam ins Meer. Sie färbt die Wasseroberfläche golden-orange. Es ist das Ende eines strahlenden Tages mit blauem Himmel am weißen Sandstrand. Die Taverne ist alt mit traditionellen blauen Stühlen eingerichtet. Sie öffnet sich zum Meer. Vor Ihnen funkelt ein Glas Rotwein. Brot in einem Körbchen und ein paar Vorspeisen sind auf dem Tisch ausgebreitet. In der Ferne sehen Sie ein Segelschiff mit weißen Segeln. Am Strand stehen noch einige Sonnenschirme, rot, gelb, grün. Ein Strauch neben Ihnen an der Wand der Taverne leuchtet mit rosaroten Blüten.

Situation B. Am Ende eines harmonischen Sommertages, den Sie an einem ruhig gelegenen Strand genossen haben, sitzen Sie zufrieden gestimmt in einer Taverne und hören dem Meer und den Klängen aus dem Inneren des Restaurants zu. Man spielt ihr Lieblingslied. Sie hören das Meer rauschen und Weingläser klingen. Sonne, Strand und die ganze Umgebung sind eine heitere Sinfonie.

Situation C. Am Abend eines herrlich heißen Tages entspannen Sie sich im Schatten eines großen Baumes auf den bequemen Stühlen einer kleinen Taverne. Es ist jetzt angenehm warm und der Wein schmeckt vorzüglich. Nach einem aktiven Tag mit Schwimmen und Sonnenbaden, genießen Sie das weiche Licht und die freundliche Atmosphäre.

Wenn Ihnen Situation A am besten gefallen hat, sind Sie wahrscheinlich ein visueller Typ. Sie achten besonders auf das, was Sie sehen. In Ihrer Sprache wählen Sie am liebsten Worte aus diesem Bereich (wie: "Ja, das ist klar", oder: "Ich sehe die Dinge so", usw.).

Wenn Sie Situation B gewählt haben, kann das bedeuten, dass sie vielleicht eine besondere Beziehung zu Musik haben, möglicherweise ein Instrument spielen. Sie sind wahrscheinlich ein auditiver Typ, der vornehmlich die Welt über das Gehör wahrnimmt. Ihre Worte könnten oft sein: "Ja, das hört sich gut an." oder "Ich höre, dass Sie das nicht verstanden haben.".

Wenn Sie sich für Situation C entschieden haben, gehören Sie wahrscheinlich zu den kinästhetischen Typen. Das sind Personen, die vornehmlich über den Tastsinn, das Gefühl wahrnehmen: "Das begreife ich nicht ganz.", oder "Ich habe das Gefühl, Sie haben mich nicht verstanden.", könnten Ihre Worte sein.

Die Worte in den drei Beschreibungen drehen sich jeweils um das Sehen, das Hören oder das Fühlen und sprechen damit explizit diese Sinneswahrnehmungen an.

Wenn Sie vor einer Gruppe stehen, senden Sie auf verschiedenen Kanälen. Achten Sie darauf, dass jedem etwas geboten wird, dass es etwas zu sehen, hören und wenn möglich zu begreifen gibt.

Allgemein gilt: der Mensch ist ein Augentier. Das bedeutet, dass wir auf bildhafte Darstellung das größte Augenmerk legen sollten.

Wenn Sie vor einer Gruppe von Musikern präsentieren, können Sie eher davon ausgehen mit auditiv orientierten Personen zu arbeiten. Die Sprache und ihr Klang erhalten größere Bedeutung, während Architekten mit größter Wahrscheinlichkeit eher von einer guten anschaulichen Struktur begeistert sind.

Was brauchen die Zuhörer, um motiviert und aufnahmebereit zu sein?

Nachdem man in der Vorbereitung darauf Wert gelegt hat, dass der Inhalt des Vortrages und die formale Gestaltung für den Zuhörer „Sinn machen" und ihn damit überhaupt motivieren zuzuhören, ist es wichtig sich den Prozess des Vortrages näher anzusehen.

Man braucht Anhaltspunkte, die auch für die Manöver-Kritik nach einem Vortrag anwendbar ist. Psychologische Motivationstheorien und die Forschung danach, was dem Menschen das Leben bereichert, zeigen Wege auf, um eine Präsentation für alle Beteiligten positiv zu gestalten. Die Zeit der Präsentation ist der Mikrokosmos der den Makrokosmos des Lebens widerspiegelt. Immerhin sitzen da die Zuhörer und schenken dem Redner einen Teil ihrer Zeit. Sie können dazu beitragen, dass es eine angenehme Zeit ist, die den Zuhörenden Energie bringt und Ihnen ein wohlwollendes zugewandtes Publikum. Die folgenden Hinweise stehen für die Dimensionen auf dem „Lebensspielfeld" zum Ausleben grundlegender Wünsche und Bedürfnisse. Jeder strebt auf seine Art nach den darin enthaltenen Zielen. Es geht uns um körperliches Wohlbefinden, die Zugehörigkeit zu einer Gruppe, erkennbare Struktur, persönliche Autonomie und Gestaltungsfreiheit, erfrischende Inspiration von Außen, die bereichernde Erfahrung eigener Kompetenz und der Möglichkeit sich immer wieder entspannen zu können und sicher zu fühlen.

Körperliches Wohlbefinden

Morgens in einem Führungsseminar bemerkte ich, dass mir niemand mehr richtig zuhörte. War mein Vortrag langweilig? Ich fragte die Teilnehmer danach und bekam die Antwort: "Nein, nein, aber hier ist es so kalt!" Das stimmte, und alle waren davon abgelenkt. Ob gut zugehört wird, hängt oft von solch einfachen körperlichen Befindlichkeiten ab.

Die fünf Sinne geben Auskunft:
Sehen:

- Ist der Raum hell genug?
- Können mich alle sehen?
- Achte ich auf bildhafte Darstellung?

Fühlen:
- Können sich die Zuhörer im Raum wohl fühlen?
- Sind die Stühle bequem?
- Ist die Temperatur in Ordnung?
- Werden genügend Pausen gemacht, in denen man sich frei bewegen kann?
- Kann ich etwas anbieten zum „begreifen", am Besten als Geschenk zum Mitnehmen?

Hören:
- Gibt es Lärm von Außen?
- Wie ist die Akustik?
- Können mich alle gut hören?

Schmecken und Riechen:
- Ist für frische Luft gesorgt?
- Was und wann gibt es zu essen?
- Kann ich ein essbares haptisches Mittel anbieten (Süßigkeiten, Getränke)?

Privatsphäre, das Gefühl von Geborgenheit

Amerikanische Präsidenten schwören auf die berühmten Kamingespräche. Sie vermitteln den Zuhörern das Gefühl von Privatheit. Zuhörer brauchen Sicherheit, um ganz bei der Sache sein zu können. Sie brauchen Vertrauen, um sich vom Präsentierenden leiten zu lassen.

„Reden Sie als würden Sie ein Geheimnis mit den Zuhörern teilen, indem Sie ihnen etwas ganz Spezielles und Vertrauliches erzählen.", meint die Charisma-Expertin Olivia Fox Cabane.

Fragen Sie sich:

- Wirke ich vertrauenserweckend auf die Gruppe?
- Erzähle ich Persönliches von mir?
- Wirke ich beruhigend kompetent?
- Stehe ich wirklich hinter dem, was ich sage?
- Vermittle ich den Eindruck von Stärke?
- Gehe ich auf Wünsche der Zuhörer ein?
- Wie vermittle ich Wärme und Zuwendung?
- Sorge ich für eine entspannte Atmosphäre?

Zugehörigkeit und überschaubare Struktur

Besonders, wenn sich Personen zum ersten Mal sehen, kommt der Aspekt der Gruppenzugehörigkeit in den Vordergrund. Beziehungen helfen dabei sich selbst zu orten. Am besten, man wird als wichtig eingestuft und in seiner persönlichen Situation offensichtlich verstanden. Menschen wollen lieber selbst beeindrucken als beeindruckt werden. Man will sich zur eigenen Sicherheit einordnen können. Dazu gehört auch, dass man weiß wie lange der Vortrag geht und wie er aufgebaut sein wird. Zu einem harmonischen Aufbau gehört auch, dass er eher Lösungen oder zumindest Lösungsansätze preis gibt, als Probleme aufwirft. Menschen wollen Lösungen und keine Probleme und Zuversicht statt Pessimismus.

Fragen Sie sich:

- Haben die Zuhörer Zeit sich untereinander kennen zu lernen, um sich als Gruppe erleben zu können?
- Gebe ich am Anfang einen Überblick über meine Gliederung?
- Gibt es genügend Pausen?
- Wo kann ich die Wir-Form passend anwenden?
- Bin ich direkt ansprechbar?
- Sind die Zuhörer ausreichend über die Zeiteinteilung des Vortrages informiert?
- Lasse ich den Zuhörern Zeit, sich auf eine neue Situation einzustellen?
- Fühlen sich die Anwesenden in ihrer speziellen Funktion angesprochen und gewürdigt?
- Gebe ich ihnen das Gefühl beeindruckend zu wirken?
- Ist die Atmosphäre so entspannt, dass man miteinander über Dinge lachen kann?

Kompetenzerfahrung

Werden die Zuhörer in dem, was sie denken und sagen bestätigt. Die meisten Zuhörer beteiligen sich gern, wenn man sie dazu motiviert, z.B. mit Fragen zu ihren Erfahrungen. Sie wollen ihr eigenes Können anbringen und sich als selbstwirksam, gestaltend und kompetent erleben. Es gefällt ihnen eine Leistung zeigen zu können. Wer aktiv „mitmachen" kann, versteht komplexe Zusammenhänge leichter und behält Inhalte wesentlich besser, als wenn er einem reinen „Frontalvortrag" lauscht.

Fragen Sie sich:

- Lasse ich mir helfen?
- Beteilige ich die Zuhörer am Gelingen des Vortrages?
- Können sie ihre Fähigkeiten entfalten?
- Wo kann ich das Wissen der Zuhörer in die Präsentation einbauen und eventuell auf Zuruf aufschreiben?

Autonomie

Autonomie heißt für Zuhörer: Ich kann mitdenken und meine Ideen anbringen. Ich entscheide, ob ich mich überzeugen lasse. Nur, wer sich als autonomes Wesen anerkannt fühlt, lässt sich rational überzeugen, denn im Grunde hasst es jeder Unrecht zu haben. Am negativsten kommen Vorwürfe an. Man möchte sich nicht gedrängt fühlen, sondern in seiner Autonomie respektiert. Menschen wollen gefragt und zum Äußern ihrer Meinung eingeladen werden. Sie wollen, dass man sich für ihre Gedanken interessiert. Wenn ich nicht im Hier und Jetzt zum eigenständigen Denken aktiviere, kann ich auch kein selbstständiges, autonomes „Tun" nach der Präsentation erwarten.

Fragen Sie sich:

- Lasse ich den Zuhörern Zeit sich das Gesagte selbstständig anzueignen?
- Respektiere ich andere Meinungen und nehme sie sogar positiv auf?
- Wo passt es Fragen zu stellen?
- Rede ich in Bildern, die zum Mitdenken auffordern?
- Lasse ich innere Bilder erstehen mit Bemerkungen wie: "Stellen sie sich vor..."?

Inspiration

Zuhörer lassen sich gerne unterhalten. Sie lieben Neuigkeiten und Abwechslung. Sie lachen gern. Durch Fernsehen und Internet sind sie verwöhnt was Kurzweiligkeit anbelangt.

Fragen Sie sich:

- Erzähle ich etwas Neues?
- In welcher Weise ist mein Vortrag unterhaltend?
- Kann ich ungewöhnliche Sichtweisen bieten?
- Ist der Vortrag abwechslungsreich?
- Kann ich Humor einbringen?

Nochmal zusammengefasst:

- Menschen lachen gerne.
- Menschen wollen gefragt werden.
- Menschen wollen, dass man sich für sie und ihre Gedanken interessiert.
- Sie wollen Recht haben.
- Sie lieben Geheimnisse.
- Sie lieben es bedeutend zu sein.
- Sie wollen lieber beeindrucken als beeindruckt werden.
- Sie wollen keine Probleme, sie wollen Lösungen.
- Sie wollen, dass man sie in ihrer Situation versteht.
- Sie lieben Zuversicht anstatt Pessimismus.
- Sie wollen keine Vorwürfe hören.
- Sie wollen einbezogen und nicht ausgegrenzt werden.
- Sie mögen es, wenn sie in ihrer Sprache angesprochen werden.
- Sie mögen es, wenn man von ihrer Situation ausgeht.
- Sie lieben kleine Geschenke.
- Sie wollen, dass man sie mag.

DIE PERSÖNLICHKEIT

DIE PERSÖNLICHE AUSSTRAHLUNG – KANN MAN CHARISMA LERNEN?

Es war die achte Präsentation an diesem Abend. Noch eine viertel Stunde, danach konnten alle nach Hause gehen. Der Tag war lang und anstrengend gewesen: Ermüdende Ausführungen zu komplexen Charts, stillsitzen auf zu harten Stühlen ..., als eine nett gekleidete Frau vor die Zuhörer trat und als erstes den Beamer ausschaltete und alle aufmunternd ansah. Sie wirkte selbstbewusst und entspannt. Sie meinte: "Schön, dass wir noch genügend Zeit haben, jetzt brauch ich nochmal Ihre Aufmerksamkeit und danach gibt's hier was Tolles zu essen." Die Bemerkung kam erfrischend optimistisch und gleichzeitig verständnisvoll bei uns an. Die Frau erschien ganz präsent bei der Sache. Ihr lebendiger, humorvoller Vortrag sprühte vor Lebensfreude. Sie stellte uns immer wieder interessiert Fragen und beschrieb schwierige Dinge unkompliziert mit einfachen Worten. Sie hatte auf Anhieb unsere Aufmerksamkeit errungen. Als ihre Power-Point-Präsentation nicht gestartet werden konnte, nahm sie kurzerhand einen Stift und schrieb zwischendurch Stichworte auf ein Flipchart.

Eine Person mit positiver Ausstrahlung kann schon in den ersten Minuten punkten und ihr wird mehr geglaubt und mehr verziehen. Es gibt Redner, die sehr schnell Aufmerksamkeit erzeugen. Was sie sagen erscheint bedeutungsvoll und man hört ihnen gerne zu.

Was die Zuhörer sehen ist das Aussehen und das Verhalten der Person. Wenn sie diese zum ersten Mal sehen, haben sie binnen weniger Minuten eine komplette Einschätzung darüber im Kopf, wie diese Person als Mensch ist. Davon kann entscheidend abhängen, wie sie das Gesagte aufnehmen. Sie nehmen subjektiv auf. Beispielsweise kann die Person uns an einen bekannten Menschen erinnern und unwillkürlich denken wir, diese sei wie jener Mensch.

Außerdem registrieren Zuhörer das, was sie interessiert, mehr als andere Dinge. Wer Spaß an guter Kleidung hat, erinnert sich zum Beispiel an besonders schicke oder ungewöhnliche Outfits noch nach langer Zeit. Und wir alle nehmen gestalthaft wahr. Das heißt, kleine Hinweise können bei uns ganze Gedankengebäude entstehen lassen. So ist man geneigt, wenn man den Beruf eines Menschen erfährt, ihm sofort ein spezielles Eigenschaftsprofil zuzuschreiben. Bänker sind ..., Buchhalter sind ..., Piloten sind ... usw.

Es kann also sein, dass noch ehe wir im Raum sind, schon ein paar Urteile über uns gefällt wurden. Mit guter Ausstrahlung können wir negative Vorurteile überstrahlen.

Eine positive, überzeugende Ausstrahlung ist ein erlernbarer Verhaltenscocktail. Er beruht nach den Forschungsergebnissen von Charismaforschern, wie Olivia Fox Cabane auf drei Grundlagen: Präsenz, Wärme und Stärke bzw. Autorität. Präsent zu sein bedeutet, ganz den Moment zu beachten mit allen Sinnen. Viele denken bei einer Begrüßung zum Beispiel schon an den nächsten Schritt. Sie denken: „Was sage ich als nächstes?" und sehen das oder die Gegenüber nicht einmal richtig an. Sie erleben den Moment nicht vollständig und das merken die anderen unwillkürlich. Man hat das Gefühl, die Person ist nicht ganz bei der Sache. Sie ist abgelenkt. Das schmälert natürlich die Überzeugungskraft gewaltig.

Man kann seine Präsenz-Fähigkeit mit einer einfachen Übung verbessern:

ÜBUNG FÜR MEHR PRÄSENZ

- *Schließen Sie die Augen.*
- *Konzentrieren Sie sich für einen Moment ganz auf das, was sie hören. Stellen Sie sich vor Ihre Ohren sind kleine Satellitenschüsseln, die alle Geräusche aufnehmen.*
- *Dann konzentrieren Sie sich auf Ihren Atem und das Gefühl des Atmens in Ihrem Körper.*
- *Schließlich konzentrieren Sie sich besonders auf Ihre Zehen. Achten Sie darauf was Sie spüren und gehen Sie den ganzen Körper entlang.*

Es ist gut diese Übung oft zu wiederholen, denn von Natur aus sind Menschen geneigt sich ablenken zu lassen. Es ist ein Relikt aus Urzeiten, als das möglichst schnelle Reagieren auf neue Stimuli lebensrettend sein konnte. Versuchen Sie in Gesprächen immer mal wieder sich auf Gehörtes, den Körper bzw. die Zehen oder den Atem zu konzentrieren und Sie merken, wie Sie in den Augenblick zurückkehren.

Die zweite Ausstrahlungs-Komponente ist Stärke, die Autorität verleiht. Charismatische Personen wirken kraftvoll, sicher und bedeutend. Damit erhält auch das, was sie sagen, mehr Gewicht. Automatisch hört man ihnen zu. Man ist eher geneigt, sich von ihnen leiten zu lassen, weil sie Sicherheit ausstrahlen.

Bedeutend wirken kann man genau wie Präsenz lernen und üben. Die Übung dazu finden Sie unter „Was signalisiert sicheres Auftreten?" Seite 60.

Zunächst ist es wichtig sich vor Augen zu führen, was uns so oft davon abhält. Die amerikanischen Psychotherapeuten Phil Stutz und Barry Michels, sagen, es ist unser „Schatten". Angelehnt an den Tiefenpsychologen Carl Gustav Jung, gehen sie davon aus, dass jeder Eigenschaften besitzt, die er lieber vor anderen verbergen möchte, menschliche Schwächen, Dinge auf die wir nicht stolz sind. Wir glauben, dass die anderen uns deswegen ablehnen könnten. Oft sind wir so sehr mit dem Zudecken dieser Eigenschaften beschäftigt, dass kaum noch Energie für die Präsentation bleibt. Wir bekämpfen mit viel Aufwand einen Teil unserer selbst und wirken dann nach außen hölzern, leer oder unecht perfekt.

Zu Beginn einer Vorlesung über Konfliktmanagement, bei der mir eine kompetente Assistentin zur Seite stand, überlegte ich zum Beispiel immer wieder, wie die 38 Studenten vor uns wohl drauf waren. Es waren junge Leute, so zwischen 20 und 30 Jahren, die bereits im Berufsleben standen und parallel dazu studierten. Ich hatte Respekt vor ihnen und dachte darüber nach, wie erschreckend viel älter ich war. Ich war froh, dass sie mein Alter nicht kannten. Ich war in Gedanken damit beschäftigt jung zu wirken, als meine Assistentin, eine Psychologin eine Theorie aus dem Jahre 1957 vorstellte und fröhlich meinte: "Das ist übrigens unser beider Geburtsjahr!". Meine erste Reaktion war das Gefühl ertappt worden zu sein, aber danach war ich erstaunlich erleichtert und fühlte mich ein Stück befreiter als vorher. Ich akzeptierte meinen „Schatten" und ging sogar noch ein Stück weiter. Ich machte ihn zu meinem Verbündeten, indem ich mir selbst dachte: hört mir zu, ich kann von meinen langjährigen Erfahrungen erzählen. Ich gewann an innerer Autorität und fühlte mich sicherer.

Es geht also beim Ausstrahlen von Stärke um die Einstellung zu sich selbst.

Fragen Sie sich:
Was ist meine Aufgabe bei der Präsentation und wie stehe ich dazu?
- Kenne ich meine persönliche Wirkung in der Präsentation?
- Kenne ich meine Stärken?
- Fühle ich mich kompetent?
- Was will ich verbergen, und wie kann ich mich damit aussöhnen?
- Was will ich eigentlich dem Publikum vermitteln?
- Habe ich eine persönliche Message an die Zuhörer?

Gründe gerne zu präsentieren

Zum Abschluss meines Studiums hatte ich mich für eine mündliche Doppelprüfung entschieden. Mein Prüfer galt als „Allwissender" auf dem Gebiet der analytischen Sozialpsychologie und ich war entsprechend aufgeregt. Nach einem langen fast prüfungslosen Studium konnte ich mein Wissen kaum einschätzen. Mein erster Gedanke war „Das kann nicht gut gehen". Er ließ mich ewig warten und ich lief auf dem Gang vor seinem Zimmer auf und ab.

Irgendwann hatte ich einen anderen Gedanken: „Dies ist mein Lieblingsgebiet und hier wird mir gleich einer zuhören, der sich richtig gut auskennt. Er muss mir sogar zuhören, weil er dafür bezahlt wird. Das ist eine einmalige Gelegenheit. Egal was er von mir hält, ich kann ihm jetzt erzählen, wie ich diese wichtigen Dinge sehe, und er darf nicht weglaufen!". Diese Vorstellung amüsierte mich richtig. Es wurde ein hochinteressanter Dialog über die Sichtweisen unterschiedlicher Wissenschaftler aus verschiedenen Jahrhunderten. Er gab mir mit seinen Fragen Raum meine Ideen zu entwickeln und zu präsentieren.

Das Ergebnis war entsprechend gut. Das wichtigste war: Ich hatte den Dreh gefunden, wie ich mich auf die Prüfung freuen konnte und damit meinen Stress wesentlich mindern können.

Genauso ist es bei Präsentationen. Wenn man sich aus irgendeinem Grund darauf freuen kann, hat man die erste Hürde zu einer guten Präsentation bereits genommen.

Zuerst ist es also wichtig für sich selbst zu überlegen, was einem am Präsentieren gefällt.

Die persönliche Ausstrahlung bekommt einen enormen Schub, wenn man etwas attraktiv am Vortragen findet. Vielleicht steht man ab und zu gerne im Mittelpunkt der Aufmerksamkeit oder man hat das Gefühl etwas Wichtiges zu tun. Man kann es genießen endlich Zeit zum Vorbringen eigener Ideen, Anliegen und Ansichten zu haben. Man hat „das Wort" und übernimmt für diese Zeit gewissermaßen „die Führung" in der Gruppe und hat dabei große Gestaltungsfreiheit. Überlegen Sie sich selbst was Ihnen persönlich am Präsentieren gefallen kann, und überlegen Sie, was Ihnen persönlich an Ihrem Thema wichtig ist. Machen Sie es zu Ihrem eigenen Thema!

Gehen Sie zu Beginn auf die Zuhörer zu. Fragen sind oft ein idealer Anfang für einen Vortrag.

Fragen Sie sich:

- Was ist gut an meinem Thema?
- Was finde ich selbst daran interessant?
- Wo sehe ich Probleme und wie stehe ich dazu?

Freie Rede ist ein Muss

In einem meiner Trainings wurde der gleiche Inhalt von zwei Personen nacheinander präsentiert. Der Unterschied war erstaunlich. Die erste Präsentation erschien zäh und ermüdete. Man hatte das Gefühl dem Referenten auf die Sprünge helfen zu müssen.

Die zweite Präsentation sprühte vor Dynamik, Kompetenz und Kurzweiligkeit. Was hatte die beiden Redner so unterschieden? Der erste Referent ging seine schriftliche Vorlage auf dem großen Bildschirm haarklein durch. Er blickte immer wieder darauf und las vieles davon ab. Seine zwangsläufige Abwendung vom Publikum gab uns Gelegenheit geistig abzuwandern. Sein Kollege „spielte" mit der Power-Point-Vorlage. Hin und wieder deutete er darauf, meistens ohne sich umzublicken.

In seinem Vortrag gab es viele Beispiele. Nur wichtige Punkte wurden herausgegriffen und anschaulich gemacht. Offensichtlich kannte er den Inhalt aus verschiedensten Blickwinkeln und ebenso offensichtlich mochte er diesen Inhalt. Er hielt ihn für wichtig und sinnvoll. Nur dann kann ich mit dem Inhalt spielen. Ich muss auf keine Tafel und kein Power-Point-Bild blicken. Ich bleibe bei der Sache, wenn mich Technik oder Assistent im Stich lassen. Freies Reden kann man sich am besten über „freies Reden" antrainieren. Also nehmen Sie so oft jede Gelegenheit wahr, um zu reden. Am Anfang sind weniger wichtige Vorträge, bei denen die Angstschwelle gering ist, vorzuziehen. Irgendwann fällt das Reden wesentlich leichter, auch wenn mehrere Hundert Zuhörer da sitzen.

Die freie Rede hat viele Vorteile:

- Ich habe die Zuhörer im Blick
- Ich halte Kontakt zum Publikum
- Ich kann frei formulieren
- Die Stimme klingt lauter bei erhobenem Kopf
- Ich kann auf Störungen im Raum schneller reagieren

Die Person gehört in den Vordergrund!

Die Präsentation hatte bereits begonnen, als ich vor vor ein paar Jahren eine Messehalle betrat. Ich hörte eine sehr laute Stimme. Die perfekten Power-Point-Darstellungen auf einer großen Leinwand wurden wenig beachtet. Besonders gut gelungene Bilder fesselten das Auge nur für Sekunden. Man redete lieber miteinander, als zuzuhören. Erst nach einiger Zeit bemerkte ich den Vortragenden neben seinem Laptop. Er saß damit in einer Ecke vor der Bühne. Kaum einer nahm Notiz von ihm, von seiner Präsentation allerdings auch nicht. Was hatte er nicht bedacht? Eine wichtige Grundregel: Die Person gehört bei jeder Präsentation in den Vordergrund. Sie ist es, die überzeugen kann. Sie wirkt oftmals erstaunlich unabhängig von Medientechnik und Sachinhalten. Wir kommen nicht darum herum, auf unsere persönliche Wirkung Wert zu legen, wenn uns wichtig ist, was wir zu sagen haben. Psychologen behaupten: Für einen guten Vortrag ist zu 7% der Inhalt verantwortlich und zu 93% das Auftreten des Präsentierenden!

Körpersprache

„Wirksame Rhetorik lebt von Gesten", sagt der Rhetoriktrainer Matthias Pöhm. Wenden Sie sich dem Publikum körperlich zu.

Wenn ich ohne Einsatz von Assistenten mit dem Flipchart arbeite, passiert regelmäßig das Gleiche, ich habe mich eine Sekunde umgedreht, um etwas aufzuschreiben und hinter mir beginnt jemand zu murmeln. Je länger ich abgewandt bin, um so mehr wird geredet. Die Aufmerksamkeit schwindet. Ich muss so schnell wie möglich wieder den Kontakt aufnehmen, um die Verbindung zu den Zuhörern wieder zu beleben.

Wenn man merkt, dass sich zu einem Punkt im Vortrag Widerstand im Publikum regt, ist man oft geneigt „in Deckung zu gehen" und sich hinter Pult oder Tisch zu verstecken. Das Gegenteil ist richtig: Gehen Sie auf die Leute zu, wenn möglich zwischen die Stuhlreihen. Sie zeigen sich dann verletzlich und die Zuhörer reagieren wie ein Wolfsrudel, das nicht zubeißt, wenn der angefeindete Wolf seinen Hals präsentiert. Sie haben „Beißhemmung".

Die Stimme

Es gibt Vorträge, bei denen die Stimme alles trägt. Es ist günstig zu wissen, wie die eigene Stimme wirkt.

Stress lässt sie oft höher erscheinen, weil wir bei nervlichen Belastungen flacher atmen. Die Stimme verliert an Fülle und klingt, besonders bei Frauen, leicht piepsig. Wenn wir bewusst tief atmen, können wir dem entgegenwirken. Am besten, man atmet kurz vor der Präsentation dreimal tief ein und aus.

Außerdem ist es wichtig das Kinn anzuheben, wenn man laut reden will und dass man deutlich redet.

Leider ist man gerade bei wichtigen Präsentationen oft von einem besonderen Antreiber geplagt. Eine innere Stimme sagt: „Mach schnell, dass es bald vorbei ist!" Das Resultat ist ein Parforce-Ritt, bei dem die Zuhörer gedanklich hinterher hecheln. Dann gilt es Pausen einzubauen. 1–2 Sekunden Pausen können unendlich erscheinen, aber sie bringen Ruhe und Deutlichkeit in den Vortrag. Nutzen Sie dazu ihre Medien, zeigen Sie etwas auf den Charts, gehen Sie einen Schritt zur Seite! Das alles trägt dazu bei, dass die Zuhörer Ihnen folgen können.

TIPPS FÜR EINE GUTE STIMME

- *Atmen Sie vor dem Vortrag dreimal mit erhobenen Armen tief ein!*
- *Achten Sie auf eine abwechslungsreiche Stimmmodulation!*
- *Machen Sie Pausen beim Reden!*
- *Reden Sie deutlich!*
- *Für eine lautere Stimme, halten Sie den Kopf erhoben!*

Freundlicher Blickkontakt verbindet!

Stellen Sie sich vor ein Redner steht mit verschränkten Armen am Fenster und blickt hinaus, während er redet. Er macht es seinen Zuhörern schwer ihm Aufmerksamkeit zu schenken. Man ist sehr schnell verleitet mit anderen zu reden oder in Gedanken den Raum ganz zu verlassen. Dabei ist es wichtig, alle immer wieder anzusehen und nicht eine Seite zu bevorzugen. Ideal aber übungsbedürftig ist es, die Zuschauer ab und zu 1–2 Sekunden ruhig anzublicken und damit zwangsläufig konzentrierte Pausen zu machen. Wichtig ist in diesem Zusammenhang der Ausdruck von Wärme gegenüber den Zuhörern, wer kühl und obendrein vielleicht auch noch arrogant wirkt, hat beim Publikum schlechte Karten. Die Ausstrahlung von Wärme lässt sich nicht mit ein paar eingeübten Gesten herbeizaubern. Das geht nur über die positive innere Einstellung dem Publikum gegenüber. Wer sein Publikum mag und respektiert, benimmt sich automatisch freundlicher. Überlegen Sie also, was sie am Publikum mögen. Erscheint jemand besonders schwierig, können Sie sich zu ihm eine Geschichte denken, die nichts mit Ihnen zu tun hat. Vielleicht hatte er einen wirklich schlechten Tag, Pech in einer Verhandlung oder er fühlt sich einfach körperlich nicht wohl. Es fällt einem sofort leichter dem Menschen freundlicher zu begegnen.

Was signalisiert sicheres Auftreten?

Sicheres Auftreten wird durch verschiedene Dinge signalisiert, dem ge-
konnten Umgang mit den gewählten Medien und ruhigen Reaktionen
bei Lärmstörungen, zu spät erscheinenden Zuhörern oder Problemen
mit der Technik.

Sicherheit geht mit innerer Stärke und Selbstvertrauen einher.

Darüber hinaus ist das was am meisten Kompetenz ausstrahlt der Verhaltenscocktail, den wir an den Tag legen, wenn wir das Gefühl von
Selbstvertrauen und Stärke haben. In diesem Fall machen wir automatisch größere Gesten, nutzen den Raum um uns herum und zeigen
Entschlossenheit mit einem klaren Blick. Wir wirken bedeutend und
strahlen Autorität aus. Wir zeigen raumgreifendes Revierverhalten, wie
ein Tier, das sich seiner selbst sicher ist und sich stark fühlt, auch und
gerade bei Bedrohungen. Nach der Regel, dass wir mit unserer Vorstel-
lungskraft und unserem Glauben unser Verhalten beeinflussen können
und genauso auch umgekehrt mit dem bewussten Handeln wiederum
unsere Sicht der Dinge und sogar unseren Hormonhaushalt verändern
können, ist es uns möglich mit relativ einfachen Übungen unserem
Selbstvertrauen einen Schub zu geben und ein wesentlich höheres Maß
an Ausstrahlung zu erreichen.

ÜBUNG FÜR DIE AUSSTRAHLUNG VON STÄRKE

- *Achten Sie auf Kleidung, die ungehindertes Atmen ermöglicht. Selbst-
  vertrauen ist viel leichter möglich, wenn wir tief einatmen können*
- *Lockern Sie Ihren Körper im Stehen*
- *Stehen Sie Fest auf beiden Füßen*
- *Strecken Sie die Arme nach oben, als wollten Sie die Decke berühren
  und dann zur Seite, als wollten Sie die Wände berühren*
- *Lassen Sie die Arme danach hängen und rollen die Schultern*
- *Atmen Sie tief und geräuschvoll ein und aus*

Kleider machen Leute und geben Sicherheit

Wer unpassend angezogen ist, braucht doppelt soviel Selbstvertrauen, um gut zu wirken.
Bei meiner ersten Hospitation in einem Seminar trug ich stolz am ersten Tag meinen selbst gestrickten roten Pullover. Ich fand ihn ausnehmend schön und lässig. Teilnehmerinnen waren elf Sekretärinnen, die wie aus dem Ei gepellt da saßen, keine Falte an den Blusen, jeden Tag eine neue Augenweide. Der Trainer, mein damaliger Chef, der mich zum Lernen mitgenommen hatte, muss wohl ziemlich unter meiner Erscheinung gelitten haben. Die Damen waren sehr nett zu mir und hörten meinen Kurzvorträgen freundlich zu. Als kompetente Persönlichkeit für ihre Anliegen behandelten sie mich allerdings nicht. Sie hätten mich nie als Trainerin akzeptiert.

Ein anderes Beispiel stammt aus einem Präsentations-Seminar für Sozialarbeiter. Geprägt von vielen Bank-Managementtrainings, erschien ich dezent mit Stoffhose und weitem Pulli, beige Ton in Ton. Mir gegenüber saß alles in Jeans und Sweatshirts. Am Ende der drei Tage erklärten mir mehrere, sie hätten anfangs große Probleme mit mir gehabt. Erst langsam hätten sie gemerkt, dass ich trotz meiner spießigen Kleidung gute Arbeit geleistet hatte.

Was kann man daraus lernen? Das gleiche Outfit kann bei zwei verschiedenen Gruppen völlig unterschiedlich beurteilt werden. Wichtig ist, dass die Kleidung zur Situation passt. Informieren Sie sich vorher darüber. Man kann mit der Kleidung die Bedeutung der Präsentation unterstreichen. Auf jeden Fall sollte man sich wohlfühlen und Bewegungsfreiheit haben und sich nicht „verkleidet" vorkommen.

Lampenfieber ist gut – bis zu einem gewissen Punkt

Trotz guter Grundeinstellung und optimaler Vorbereitung ist der Moment kurz vor der Präsentation dann doch recht aufregend. Unsere Stimmung geht in den Keller. Plötzlich würden wir uns am liebsten in Luft auflösen. Manchmal sehen wir die Zuhörer regelrecht als Feinde, gegen die wir kämpfen wollen. Vielleicht sind wir hin und her gerissen zwischen dem Wunsch zu präsentieren und der hemmenden Angst vor Fehlern. Mit anderen Worten: wir haben richtiges Lampenfieber.
Damit befinden wir uns in bester Gesellschaft. Selbst berühmte

Schauspieler bleiben davon nicht verschont und können, wenn es darauf ankommt, trotzdem brillant agieren.

Es ist wissenschaftlich erwiesen, dass ein bestimmtes Quantum an Anspannung für Hochleistungen sogar unerlässlich ist. Ist dieses Quantum überschritten, geht es allerdings mit der Leistung bergab.

Was wir dann brauchen, ist eine Stimmung, bei der im Inneren der Person keine Halbherzigkeit besteht. Friedemann Schulz von Thun spricht in diesem Zusammenhang von einem inneren Team von Teilpersönlichkeiten, die miteinander kämpfen und das Handeln des Menschen beeinflussen können. Da gibt es ängstliche zurückhaltende und neugierige spielerische. Richtig gut sind wir, wenn eine aktionsbereite Teilpersönlichkeit, mit positiver Einstellung klar gewinnt. Wie bereits erwähnt sind wir dann wild entschlossen und spielerisch und wir befinden uns in einem „state of excellence". Dabei stehen einem alle Ressourcen offen, man kann aus dem Vollen schöpfen. Man denkt optimistisch in Bezug auf sich und die Welt und fühlt sich wohl in seiner Haut. Das Handeln wird also von einem positiven Gefühl begleitet. Das gute Gefühl ist mit positiven Gedanken verbunden. Sogar der Immunstoffwechsel funktioniert besonders effektiv in solchen Momenten. Und genau diesen Zustand brauchen wir auf Bestellung. Jeder kennt das: wenn wir nette aufbauende Dinge erlebt haben, wenn uns gerade etwas gut gelungen ist, dann sind wir automatisch guter Laune und wir sind obendrein besonders präsent, einfallsreich und schlagfertig. Das Interessante ist, dass sogar die Erinnerung an etwas Schönes unsere Stimmung und somit unsere gesamte Verfassung verbessern kann. Selbst kleinste Auslöser können die guten Lebensgeister wecken. Beispielsweise, erinnert man sich beim Duft einer Blume vielleicht sofort an den Garten der Großeltern in der Kindheit und alle möglichen Bilder erstehen vor dem inneren Auge, Sommerlicht, grüner Rasen etc. Der Auslöser funktioniert wie ein Anker für die gesamte Hintergrunderinnerung.

Einen solchen Anker kann man selbst produzieren mit einer einfachen Übung und damit dafür sorgen, dass man in jeder Situation aktiv die gute Erinnerung herbeizaubern kann und den gefürchteten Blackout gar nicht erst aufkommen lässt.

ÜBUNG ZUM „VERANKERN" BEI LAMPENFIEBER

1. Am besten Sie schließen zu Beginn der Übung die Augen

2. Stellen Sie sich eine gute erfolgreiche Situation aus Ihrer Vergangenheit vor. Es ist egal wie lange die Sache her ist. Die Seele hat kein Zeitgefühl. Bedeutsames bleibt einfach bestehen. Vielleicht erinnern Sie sich an das Ende einer gelungenen Prüfung oder an eine erfolgreiche Besprechung. Es kann auch etwas ganz anderes sein, wie Tauchen in der Südsee.

3. Und nun gehen Sie die gesamte Sinn-Palette durch: Was sehen Sie genau, Farben, Personen, Gegenstände, Kleidung. Ist es Tag oder Nacht, hell oder dunkel?

Was hören Sie? Laute Geräusche, Stimmen, was sagen die Personen?

4. Was fühlen Sie? Ist es warm oder eher kühl, regnet es, sind Sie in einem Raum oder draußen? Welcher Geruch liegt in der Luft? Vielleicht Kaffeeduft? Vielleicht schmecken Sie sogar etwas? Sind Sie in einem Restaurant?

5. Und was denken Sie während Sie die schöne Situation nachempfinden? Was denken Sie über sich und die Welt?

6. Und nun "verankern" Sie das alles, indem Sie einen Punkt, z.B. auf der linken Hand wählen worauf Sie mit der rechten drücken. Schon nach der ersten Übung werden Sie mit Sicherheit eine Stimmungsaufhellung merken. Wiederholen Sie das Ganze von Zeit zu Zeit mit der selben schönen Situation. Nur durch Druck auf ihren "Anker" können Sie sich dann in eine Art "state of excellence" bringen. Das heißt, Sie müssen die Übung gar nicht mehr machen, um sich umzustellen. Es genügt der Druck auf den Ankerpunkt.

MEHR TIPPS GEGEN ZU VIEL LAMPENFIEBER

- *Denken Sie nur an den Augenblick. Vergangenheit und Zukunft stören die Konzentration auf das HIER UND JETZT!*
- *Die ersten Worte entscheiden. Sie können die ersten drei Sätze auswendig lernen.*
- *Schenken Sie den Personen oder Dingen, mit denen Sie arbeiten Ihre ganze Aufmerksamkeit!*
- *Üben Sie Ihre Konzentration, indem sie einfache Dinge im Tagesablauf hin und wieder mit besonderer Sorgfalt erledigen!*
- *Testen Sie technische Geräte kurz vor der Präsentation!*
- *Merken Sie sich wichtige Punkte, evtl. Kommandos, an die Sie in der Situation denken wollen!*
- *Nehmen Sie die Anforderung nicht als Bedrohung, sondern als Herausforderung!*
- *Wo es keine wirkliche Bedrohung gibt, ersetzen Sie Angst vor Ungewissem durch Neugierde, denn Angst und Neugierde können wir nicht gleichzeitig haben!*
- *Schaffen Sie sich Freiräume zur Entspannung!*
- *Achten Sie auf die Entspannung Ihrer Muskeln!*
- *Lassen Sie sich helfen!*

Störungen haben Vorrang und können gemeistert werden

Besprochen war ein 1-Stunden-Vortrag vor etwa 30 Lehrern und vielleicht ein paar Schülern zum Thema „Schulung und Bewertung von Präsentationen". Als ich den Raum betrat füllte er sich gerade mit Schülern und Studenten. Erst dachte ich: „Ok das ist der falsche Raum.", dann wurde mir aber mitgeteilt, dass man die ganze Sache, wegen starken Interesses kurzfristig etwas umgestellt hatte. Ich sollte vor allem die Lernenden in einer Art Vortrags-Workshop in die Grundregeln guten Präsentierens einweihen. Der Raum füllte sich immer mehr. Es waren ca. 500 erwartungsvolle Gesichter auf mich gerichtet. In der ersten Reihe saßen dann doch ein paar Lehrer und ein alter Bekannter von mir, als Repräsentant eines Berufsverbandes, der sich ein Bild über die Berater des Kongresses machen wollte. Ich hatte ihn jahrelang nicht gesehen und er meinte: "Na, dann zeig mal, was du drauf hast!". Er lehnte sich zurück auf seinem gepolsterten Sessel und mir fiel wieder ein, wie kritisch er sein konnte. Den Beamer in diesem Raum konnte man nicht über Fernbedienung benutzen und der versprochene Assistent war kurzfristig krank geworden. Was tun?

Flucht ging nicht mehr, Kampf: keine Lösung. Ich setzte auf Kooperation und zitierte meinen Bekannten kurzerhand freundlich auf die Bühne, stellte ihn an den Computer und wies ihn schnell ein. Danach wendete ich mich an die Zuhörer und bat sie mir zu sagen, was sie von mir hören wollten. Es ergaben sich viele Fragen. Ich schrieb sie alle auf Flipchart und arbeitete sie ab. So hatte ich ein Gerüst, in das ich meine Vortragsaussagen einbauen konnte. Am Ende kamen viele auf mich zu und bedankten sich für die Ausführungen. Mein alter Bekannter meinte, ich hätte ja richtige Fans bekommen. Nicht nur er war überzeugt. Ich hatte zugegebenermaßen eher intuitiv richtig gehandelt. Meinen skeptischen Kritiker hatte ich zum Helfer umfunktioniert, was ihm eine Aufgabe gebracht und seine Einstellung mir gegenüber radikal geändert hatte. Wenn man einen vermeintlichen oder wirklichen Gegner um Hilfe bittet und er annimmt, kann er gar nicht anders, als mental die Fronten wechseln. Im Gegenteil, wenn er hilft, will er, dass der Vortrag gut wird. Das zweite Richtige war, dass ich mich an die Zuhörer wandte und ihnen meine ganze Aufmerksamkeit schenkte. Sie durften meine Ausführungen strukturieren. Da ich selbst die Dinge aufschrieb, hatte ich immer noch das Zepter in der Hand und konnte mühelos meine Message mit den Fragen verknüpfen. Aus einer Fast-Katastrophe wurde eine lebendige intensive Zusammenarbeit, von der alle Etwas hatten.

Am Umgang mit kritischen Situationen messen die Zuhörer oft die Überzeugungskraft eines Redners. Sie sind zuweilen, das was die Präsentation bunt und erfrischend macht, wenn man sie meistert.

Es gibt einen Trick, mit dem man sich selbst aus der Katastrophenstimmung holt. Gemäß der Erkenntnis, dass das Unbewusste auf einfache Botschaften unmittelbar reagiert, kann man mit dem Gedanken: „Das ist jetzt gut!", den Super-Stress bei starken Störungen sofort im Keim ersticken. Allein mit diesem Gedanken im Hinterkopf erscheint alles nicht mehr ganz so schlimm und gemäß dem Gesetz der selbst erfüllenden Prophezeiung kann genau die Störung zur Chance für besondere Originalität der Präsentation werden.

Nehmen Sie mögliche schwierige Situationen gedanklich vorweg! Wie bereits erwähnt, fragen Sie sich immer: „Was mache ich im worst case?", zum Beispiel, wenn alle Technik ausfällt oder bei sehr kritischen Einwänden, bei Lärm oder anderen Störungen. Habe ich alles auch auf Blättern? Wie könnte ich mit Tafel und Kreide visualisieren? Habe ich Basis-Moderationsmaterial, wie selbsthaftende Kärtchen, Kreppband, Magnete und ein paar Stifte?

Und wenn Sie das alles bedacht haben: Geben Sie die Verantwortung ab! Sie können eine Verantwortungstransfer machen. Es gibt nichts, das mehr entstressen kann. Um den zu beschreiben muss ich etwas ausholen. Menschen versuchen als erstes Dinge zu verstehen und damit Situationen zu kontrollieren, wenn das nicht klappt, gehen sie über zum Glauben und erst danach zweifeln sie und fallen in Unsicherheit. Was wir also brauchen in der unsicheren Situation des Vortrags ist etwas, an das wir glauben können. Genauer gesagt, dem wir die Verantwortung für die Situation geben können, nachdem wir alles in die Wege geleitet haben, was in unserer Macht steht. Wählen Sie Ihre persönliche Lieblingsautorität aus, den Kosmos, Gott, ein guter Geist, das gewogene Schicksal, das was Ihnen zusagt. Es muss uns leicht fallen, wie ein Kind daran zu glauben. Lassen Sie den Gedanken los, alles im Griff haben zu müssen und vertrauen Sie der Gegenwart und der Zukunft.

BRIEF YOURSELF!

Bei der Vorbereitung

- Was will ich rüberbringen?
- Ist der Auftrag genau genug abgesprochen?
- Wie kann ich mein Vortragsziel in drei kurzen Sätzen zusammenfassen?
- Wer sind die Zuhörer?
- Was sind die speziellen Interessen dieser Gruppe?
- Welche Medien passen zu den Zuhörern, der Situation und meinem Können am besten?
- Wie sind die Räumlichkeiten?
- Bin ich mit ihnen vertraut?
- Kann ich vorher damit üben?
- Wer kann mir beim Üben Feed Back geben?

Zum Thema

- Habe ich bedeutungsvolle erste Worte gewählt?
- Kann ich die ersten drei Sätze auswendig!
- Habe ich leere Modewort-Hülsen (wie jung dynamisch etc.) vermieden?
- Welche Beispiele passen zu meinem Thema?
- Welche Vergleiche kann ich anbringen?
- Kann ich mein Thema auch wirklich in 3 kurze Sätze fassen?
- Sind meine Worte treffend und prägnant?
- Lasse ich Bilder in den Köpfen der Zuhörer entstehen?
- Benutze ich eher Verben als Hauptwörter?
- Vermeide ich den Konjunktiv (anstatt: „ich würde Ihnen gerne vorstellen", lieber: "ich stelle ihnen vor")?
- Habe ich die Gegenwartsform (anstatt: „Sie werden das anwenden können.", lieber: "Sie können das anwenden.") gewählt?
- Wo kann ich mit wörtlicher Rede die Aufmerksamkeit erhöhen?

Zur Medientechnik

- Wie will ich den Raum nutzen?

- Ist meine Gliederung einfach und plausibel?

- Sind meine Schemata einleuchtend und einfach genug?

- Wer kann mir assistieren?

- Welches Medium ist möglich?

- Ist das Geschriebene von jedem Platz aus gut lesbar?

- Habe blaue und schwarze Stifte für die Schrift vorrätig?

- Ist der Raum ausreichend beleuchtet?

- Beherrsche ich die gewählten Medien?

- Was mache ich im „worst case", zum Beispiel, wenn es keinen Beamer gibt oder wenn ich keine Materialien gestellt bekomme?

Zur Zielgruppe

- Habe ich Fragen in die Präsentation eingebaut?
- Wer will persönlich genannt bzw. begrüßt werden?
- In welcher Situation befindet sich meine Zielgruppe gerade? Kann ich darauf am Anfang eingehen?
- Fordere ich zum Mitdenken auf: "Stellen Sie sich vor…!"
- Habe ich eine Sequenz für Dialoge eingebaut (z.B. Ideen auf Zuruf sammeln)?
- Habe ich Zeit zum Mitdenken eingeplant?
- Woran will ich denken?
  - Fragen und Einwände mit entsprechenden Gesten positiv aufnehmen („Ja", Kopfnicken)
  - Hinweise auf Bemerkungen der Zuhörer geben („Wie Frau X zuvor schon sagte,")
  - Beiträge und Ideen der Zuhörer kommentieren
- Was ist das Besondere an meiner Zielgruppe?
- Was sind die konkreten und wichtigsten Interessen der Gruppe?
- Biete ich Lösungen an?

Für mehr persönliche Ausstrahlung

- Ist meine Kleidung der Situation und den Zuhörern angepasst?

- Fühle ich mich darin wohl?

- Woran denken?
  - „verankern" kurz vor dem Vortrag! (Seite 63)
  - vorher die Technik prüfen!
  - sich dem Publikum körperlich zuwenden!
  - immer wieder lächeln!
  - die Hände meist offen zeigen!
  - den zur Verfügung stehenden Raum nutzen!
  - bei Widerstand, näher auf die Zuhörer zugehen!
  - Gesagtes mit der Gestik unterstützen!
  - das Kinn leicht anheben!
  - bei „Katastrophen" sich selbst sagen: „Das ist jetzt gut!".

- Gegen Angst vor den Zuhörern:
  Der Switch: „Ihr braucht keine Angst zu haben!".

■ **Für mein Charisma:**
bezüglich Präsenz:
- Ich konzentriere mich auf das „Hier und Jetzt" mit der
  Präsenz-Übung (Seite 53)
bezüglich Stärke:
- Vor dem Vortrag atme ich geräuschvoll tief ein und aus
  und Strecke meine Arme weit nach allen Seiten und
  nach oben
bezüglich Wärme:
- ich frage mich, was ich an meinen Zuhörern mag und
- überlege mir eine Geschichte zu schwierigen Leuten,
  um deren schlechte Laune nicht automatisch auf mich
  zu beziehen

■ **Was ist diesmal für mich besonders attraktiv am
Präsentieren?**
- Ich habe Zeit und Raum ein Anliegen, meine Ideen und
  die persönliche Sichtweise vorzubringen.
- Ich habe große Gestaltungsfreiheit.
- Ich kann andere dazu auffordern aktiv zu werden.
- Ich habe „das Wort".
- Ich darf die Führung übernehmen.
- Oder was fällt mir noch ein? ...

RESÜMEE

Nachdem Sie die Tipps rund ums Präsentieren gelesen haben, sei noch Folgendes erwähnt: Wir können uns wertvolle Anregungen durch das Beobachten anderer holen, aber imitieren funktioniert nicht. Sehen wir uns Personen an, denen wir gerne und gut zuhören, fällt uns auf, dass sie im Verhalten selten nach starren vorgeschriebenen Regeln verfahren. Es geschieht bei ihnen das, was wir als Selbstverwirklichung bezeichnen, was uns Zuschauer fasziniert bei Schauspielern, Musikern, bei sportlichem Wettkampf und überhaupt, wenn wir Anteil nehmen können, an konzentriertem Handeln, bei dem das Potenzial einer einzigartigen Person ausgeschöpft wird. Beim Streben nach einer von außen vorgeschriebenen Perfektion im persönlichen Verhalten, kann die Individualität auf der Strecke bleiben. Und dann wird der Vortrag oft hölzern, denn erst die eigene unverwechselbare Persönlichkeit gibt der Präsentation Farbe.

Sie gilt es zu erkennen, wert zu schätzen, deren Stärken auszubauen und sie damit voll zur Geltung zu bringen. Wer temperamentvoll mit den Händen erzählt, kann seine Gestik verfeinern. Würde er sich zur Ruhe zwingen, erschiene er nicht ausgeglichen, sondern eher gehemmt. Andererseits: wenn eine eher ruhige Person plötzlich große Gesten machen soll, wirkt sie leicht linkisch. Sie hat vielleicht eine besonders gute Stimme, die sie wirkungsvoller einsetzen kann. Das Aufspüren des eigenen Potenzials ist etwas, das man aktiv angehen kann, indem man ausprobiert und Selbst- und Fremdwahrnehmung mit einbezieht. Selbst die charismatischsten Redner sind nicht immer charismatisch, aber jeder kann charismatisch wirken, wenn er zu seiner Persönlichkeit mit allen Ecken und Kanten steht.

Viel Erfolg und vor allem Spaß bei Ihrer nächsten Präsentation!

LITERATUREMPFEHLUNGEN

- Bandler, Richard: *Time for a Change – Lernen bessere Entscheidungen zu treffen*, Junfermann Verlag, Paderborn 2003
- Csikszentmihalyi, Mihaly: *Flow – Das Geheimnis des Glücks*, Klett-Cotta, 2. Aufl. Stuttgart 1992
- Fox Cabane, Olivia: *The Charisma-Myth – How Anyone can Master the art and Science of Magnetism*, Penguin, New York 2013
- Molcho, Samy: *Körpersprache des Erfolgs*, Ariston, Heinrich Hugendubel Verlag, Kreuzlingen/München 2005
- Laborde, Z. *Genie: Kompetenz und Integrität – Die Kommunikationskunst des NLP*, Junfermann Verlag, Paderborn 1994
- Pöhm, Matthias, *Vergessen Sie alles über Rhetorik – ein sprachliches Feuerwerk in Bildern*, MVG Verlag, Landsberg am Lech 2001
- Schulz von Thun, Friedemann: *Miteinander Reden 3 – Das „innere Team" und situationsgerechte Kommunikation*, Rowohlt Taschenbuchverlag, 3. Auflage, Reinbek bei Hamburg 2003
- Seligman, Martin: *Pessimisten küsst man nicht – Optimismus kann man lernen*, Droemer/Knaur, München 2002
- Stutz, Phil und Michels, Barry: *The Tools – Wie Sie wirklich Selbstvertrauen, Lebensfreude, Gelassenheit und innere Stärke gewinnen*, Arkana Verlag, München 2012